HAYATA GIDEN YOL

HAYATA GIDEN YOL

ALDIVAN TORRES

Canary Of Joy

CONTENTS

1   1

CHAPTER 1

Hayata Giden Yol
Aldivan Torres
Hayata Giden Yol

Eser sahibi: Aldivan Torres
© 2020- Aldivan Torres
Tüm hakları Saklıdır.

Seriler: Bilgelik Yetiştirmek
Bu kitabın tüm bölümleri dahil telif hakkı saklıdır ve yazarın izni olmadan çoğaltılamaz, yeniden satılamaz veya indirilemez.

Aldivan Torres, çeşitli türlerde pekiştirilmiş bir yazardır. Şimdiye kadar başlıklar düzinelerce dilde yayınlandı. Küçük yaşlardan itibaren, 2013 yılının ikinci yarısından itibaren profesyonel bir kariyeri pekiştirmiş, yazma sanatına her zaman âşık olmuştur. Yazılarıyla uluslararası kültüre katkıda bulunmayı, okuyanlarda okuma zevkini uyandırmayı ummaktadır. Alışkanlığa sahip değil. Göreviniz, okuyucularınızın her birinin kalbini kazanmaktır. Edebiyatın yanı sıra, ana eğlenceleri müzik, seyahat, arkadaşlar, aile ve hayatın kendisinin zevkidir. "Edebiyat, eşitlik, kardeşlik, adalet, haysiyet ve insan onuru için her zaman" sloganıdır.

Devam et

Yol
Nasıl kritik olunacağını bilmek
Dönüş kanunu
Acı dolu bir zaman
Bitki hasat oranı
Sadaka verip vermeme?
Öğretme ve öğrenme eylemi
Vatana ihanet karşısında nasıl davranılır
Aşk daha çok sevgi üretir
Yoksullar, dışlananlar ve astlar adına hareket edin
Son Mesaj
Refah yolu
Yol
Tanrı'ya giden yollar
İyi ustalar ve çıraklar
Ayık kalmak için iyi uygulamalar
Örnekteki değer
Evrendeki his
İlahi hissetmek
Rutini değiştirme
Dünya eşitsizliği adalete karşı
Müziğin gücü
Kötülükle nasıl savaşılır
Ben anlaşılmazım
Sorun yaşamak
İşte
Seyahat
Hak aramak
Tam aşka inanın
Bir ilişkiyi nasıl yöneteceğinizi bilmek
Masaj
Ahlaki değerlerin benimsenmesi
Gerçek bir dost ruhuna sahip olmak
Gözlemlenecek eylemler

Beslenme bakımı
Uzun ve iyi yaşamak için ipuçları
Dans
Oruç tutmak
Tanrı kavramı
İyileştirme adımları
Zihnin özellikleri
Nasıl hissetmem gerekiyor?
Eğitimin rolü
Sonuç
İnançla kazanmak
Ruhani ve bedensel düşmanlara karşı zafer
İnsan-Tanrı ilişkisi
Acı içinde Rabbe inanmak
Dürüst bir inanç adamı olmak
Mesihler
İnsanın misyonu
Mesih ol
İki yol
Seçim
Benim deneyimim
Hedef
Işık Krallığı, Ekim 1982
Görev
Vizyonun anlamı
Bozuk bir dünyada özgünlük
Zor zamanlarda üzüntü
Bozuk bir dünyada yaşamak
İyilik var olduğu sürece dünya kalacak
Dürüstler sarsılmayacak
İstisna olun
Benim kalem
Değerler
İç Huzuru Arayış

Yaratıcı Tanrı
Gerçek aşk
Kendinizi günahkâr ve sınırlı olarak tanıyın
Modern dünyanın etkisi
Baba ile nasıl bütünleşirim
İletişimin önemi
Şeylerin karşılıklı bağımlılığı ve bilgeliği
Kimseyi suçlama
Bir bütünün parçası olmak
Şikâyet etme
Başka bir açıdan bakın
Bir gerçek
Diğerini düşün
Sorunları unutun
Süreçler olarak doğum ve ölümle yüzleşin
Ölümsüzlük
Sağlam bir tavır alın
Tanrı ruhtur
Bir inanç vizyonu
Emirlerime uyun
Ölü inanç
Başka bir vizyon var
Zayıflıktan güç gelir
Hassas bir mali durumda ne yapılmalı
Aile problemleriyle yüzleşmek
Bir hastalığın ve hatta ölümün üstesinden gelmek
Kendinle tanışmak
Sophia
Adalet
Doğru zamanda sığınak
Tanrı'nın yoluna karşı dünyanın baştan çıkarıcılığı
Tanrı ile tanışın
Doğrular ve Tanrı ile ilişki
Tanrı ile ilişki

Ne yapmalısın
Sana tüm umudumu veriyorum
Dostluk
Bağışlama
Kendi yolunu bulmak
İş yerinde nasıl yaşanır
İş yerinde sert insanlarla yaşamak
Özerk bir iş geliri elde etmeye hazırlanmak
Çalışmalarda uzmanlaşma seçeneklerini analiz etmek
Ailede nasıl yaşanır
Aile nedir
Nasıl saygı duyulur ve saygı gösterilir?
Finansal bağımlılık
Örneğin önemi

Yol

İyi adamlarla yürü ve huzura kavuşacaksın. Kötü adamlarla yürürsen mutsuz olursun. Bana kiminle takıldığını söyle, sana kim olduğunu söyleyeyim. Bu akıllıca söz, arkadaşlıklarda seçici olmanın ne kadar önemli olduğunu ortaya koyuyor. Ancak, hepsinin bir öğrenme deneyimi olduğuna inanıyorum. Öğrenmek için hatalar yapmalı ya da neyi sevdiğinizi öğrenmek için denemelisiniz. Bir kefaret ve kanıta maruz kalan varlıkları dolaştığımız için deneyim, insanın evrimi için ilkel bir faktördür.

Nasıl kritik olunacağını bilmek

Sürekli evrim geçiren varlıklarız. Kendinizi eleştirmeniz normaldir ve günlük aktivitelerinizde daima performansınızı iyileştirmek istersiniz. Ama kendinizden çok fazla şey talep etmeyin. Zaman fikirlerinizi öğretir ve olgunlaştırır. Yeterli boş zamanınız olacak şekilde görevlerinizi bölün. Bunalmış zihin, uygun hiçbir şey üretmez. Dikim ve hasat zamanı var.

Empati ve kontrol gerektirir. Partneriniz bir hata yaparsa ona iyi tavsiyelerde bulunun ama onu yeniden yaratmayın. Diğerini yargılayamayacağımızı unutmayın çünkü bizler de kusurlu ve kusurlu varlıklarız. Meyve vermeyen başka bir kör adama rehberlik eden kör bir adam olurdu. Yansıtın, planlayın ve gerçekleştirin. Başarı için gerekli direklerdir.

Eğer bir patronsanız, astlarınızdan beceri isteyin, aynı zamanda anlayışlı ve insan olun. Ağır ve negatif titreşimlerle dolu bir çalışma ortamı sadece gelişimimizi engeller. Çalışma ortamında iş birliği, teslimat, çalışma, kararlılık, planlama, kontrol ve hoşgörü gerektirir. Buna, toplumumuz çoğul ve çok yönlü olduğu için iş yapmanın temel bir öğesi olan emek demokratikleşmesi denir. Bu nedenle çevre, bir sosyal içerme yeri olmalıdır.

Müşteriler ve tüketiciler, kapsayıcılık ve sürdürülebilirlik için çabalayan büyük şirketlere hayranlık duyuyor. Bu, organizasyon içinde ve dışında oldukça olumlu bir imaj oluşturur. Buna ek olarak birlik, titizlik, haysiyet ve şeref değerleri işletmenin sürekliliğine katkıda bulunur. Bu durumda, psikolog, insan ilişkileri teknisyeni, yöneticiler, başarılı yöneticiler, yazarlar, sağlık uzmanları ve diğerleri gibi yüksek nitelikli profesyonellerle zamanında buluşmanızı öneririm.

Hayatın ustaları

Tamamen eşitsiz bir kalabalığın önünde büyük bir görevdeyiz. Bazıları daha fazla bilgiye sahipken bazıları daha az bilgiye sahip. Ancak her birimiz öğretebilir veya öğrenebiliriz. Bilgelik, yaşına veya sosyal durumuna göre ölçülmez, ilahi bir armağandır. O zaman başarılı bir iş adamından daha akıllı bir dilenci bulabiliriz. Finansal güçle değil, bizi daha insan yapan değerlerin inşasıyla ölçülür. Başarı ya da başarısızlık sadece davranışlarımızın bir sonucudur.

İlk ustalarımız ebeveynlerimizdir. Yani, ailemizin değerlerimizin temelini oluşturduğu doğru. Daha sonra toplumla ve okulla temas kurarız. Bütün bunlar kişiliğimize yansıyor. Her zaman seçme gücümüz varken. Özgür irade denen bu, tüm varlıkların özgürlüğünün koşuludur ve saygı gösterilmelidir. Yolumu seçmekte özgürüm ama sonuçlarına da katlanmak zorundayım. Unutma, sadece ektiğimizi aldık. Bu yüzden ona iyi ağaç diyorsun, iyi meyve veren ağaç.

İyiye yatkınlıkla doğarız, ancak çoğu zaman çevre bize zarar verir. Baskı ve sefalet halindeki bir çocuk, zengin bir çocukla aynı şekilde gelişmez. Buna, az sayıda insanın çok paraya sahip olduğu ve birçok insanın da fakir olduğu sosyal eşitsizlik denir. Eşitsizlik dünyanın en büyük kötülüğüdür. Daha az tercih edilen nüfusun kesimine acı ve zarar getiren büyük bir adaletsizliktir. Daha fazla sosyal içerme politikasına ihtiyacımız olduğunu düşünüyorum. İşe, gelire ve fırsatlara ihtiyacımız var. Bence hayırseverlik çarpıcı bir aşk eylemi, ama bence tam da böyle yaşamak aşağılayıcı. İşe ve iyi yaşama koşullarına ihtiyacımız var. Daha iyi günler ummalıyız. İşimizle bir şeyler satın almak ve ayrımcılığa uğramamak ne kadar iyi. Herhangi bir ayrım gözetmeksizin herkesin fırsatına ihtiyacımız var. Zenciler, yerli halk, kadınlar, eşcinseller, transseksüeller için işe ihtiyacımız var, zaten herkes için.

Yeni bir sürdürülebilirlik modelinden çıkış yolunun, seçkinlerin hükümetle ortak çalışması olacağını düşünüyorum. Daha az vergi, daha fazla mali teşvik, daha az bürokrasi eşitsizliğin azaltılmasına yardımcı olacaktır. Bir kişinin banka hesabında neden milyarlarca paraya ihtiyacı var? Emeğinizin meyvesi olsa bile bu tamamen gereksizdir. Büyük serveti vergilendirmemiz gerekiyor. Ayrıca temettü elde etmek için büyük şirketlerin emek ve vergi borçlarını da tahsil etmemiz gerekiyor. Zengin sınıfa neden ayrıcalık tanıyın? Hepimiz hakları ve görevleri olan vatandaşlarız. Kanun önünde aynıyız ama aslında eşitsiziz.

Dönüş kanunu

Acı dolu bir zaman

Bir ıstırap zamanı geldiğinde ve görünen o ki bütün adaletsizler gelişiyor, emin olun. Er ya da geç, onlar düşecek ve doğrular kazanacak. Rabbin yolları bilinmemektedir, ancak bunlar doğru ve hikmetlidir, dünya sizi mahkûm etse bile hiçbir zaman sizi terk etmeyecektir. Adının nesilden nesille kalıcı olması için bunu yapar.

Bitki hasat oranı

Yeryüzünde kendi iyiliğiniz için yaptığınız her şey hayat kitabına yazılıyor. Her konsey, bağış, müfreze, maddi yardım, nazik sözler, iltifatlar, hayır işlerinde iş birliği, diğerleri arasında refah ve mutluluğa doğru bir adımdır. Başkasına yardım etmenin, yardım edilenler için olduğunu düşünmeyin. Aksine hareketlerinizden en çok ruhunuz yararlanır ve daha yükseğe uçabilirsiniz. Hiçbir şeyin bedava olmadığının, geçmişte diktiğimiz bugün aldığımız iyiliğin farkında olun. Hiç temeli olmayan bir evin kendisini desteklediğini gördünüz mü? Her eylemimizde de böyle olur.

Sadaka verip vermeme?

Acımasız ve dolandırıcılarla dolu bir dünyada yaşıyoruz. Mali koşulları iyi olan pek çok insanın, zaten zavallı olan çalışanların maaşlarını emen gizli bir hırsızlık eylemi olan sadakaların zenginleştirilmesini istemesi yaygındır. Bu günlük durumla karşı karşıya kalan birçok kişi sadaka talebi karşısında yardım etmeyi reddediyor. Bu en iyi seçenek mi?

Durum bazında analiz etmek, kişinin niyetini hissetmek en iyisidir. Sokakta sayısız bela var, herkese yardım etmenin bir yolu yok, bu doğru. Ama kalbiniz izin verdiğinde yardım edin. Bir sahtekarlık olsa bile, günah diğer kişinin niyetinde olacaktır. Siz üzerinize düşeni yaptınız, daha az eşitsiz ve daha insancıl bir dünyaya katkıda bulundunuz. Tebrikler.

Öğretme ve öğrenme eylemi

Sürekli değişen bir kefaret ve imtihan dünyasındayız. Bu ortama uyum sağlamak için kendimizi tüm ortamlara yansıyan zengin bir öğretme-öğrenme sürecinin içinde buluyoruz. Bu fırsatı değerlendirin, iyi şeyleri özümseyin ve kötü olanları inkâr edin ki ruhunuz babaya giden yolda gelişebilsin.

Daima minnettar ol. Aileniz, arkadaşlarınız, yol arkadaşlarınız, yaşam öğretmenleriniz ve size inanan herkes için Tanrı'ya şükürler olsun. Bir iyilik elçisi olarak evrene mutluluklarının bir kısmını geri ver. Gerçekten buna değer.

Vatana ihanet karşısında nasıl davranılır

İnsanlara karşı dikkatli olun, bu kadar kolay güvenmeyin. Sahte arkadaşlar iki kez düşünmeyecek ve sırlarını herkesin önünde açıklamayacak. Bu gerçekleştiğinde, yapılacak en iyi şey geri adım atmak ve her şeyi uygun yerlerine koymaktır. Yapabiliyorsanız ve yeterince geliştiyseniz, affedin. Bağışlama ruhunuzu kızgınlıktan kurtaracak ve sonra yeni deneyimlere hazır olacaksınız. Bağışlamak, unutmak anlamına gelmez çünkü güveninizi bir kez kırdığınızda, geri dönemezsiniz.

Herkesin en adil kanunu olan geri dönüş kanununu aklınızda bulundurun. Diğerine yanlış yaptığınız herhangi bir şey, ödemeniz için faizle geri dönecektir. Öyleyse, size yaptıkları zarar konusunda endişelenmeyin, düşmanlarınız için orada olacaksınız ve Tanrı size herkesin hak ettiğini vererek doğru davranacaktır.

Aşk daha çok sevgi üretir

Sevgiyi veya tutkuyu deneyimleyen kişi ne mutlu. Maddeden vermeyi, vazgeçmeyi, teslim olmayı, anlayışı, hoşgörüyü ve ayrılmayı içeren var olan en yüce duygudur. Bununla birlikte, her zaman sevilen tarafından karşılık verilen bir duyguya sahip değiliz ve işte o zaman acı ve dehşet ortaya çıkar. Bunu tartmak ve bu döneme saygı duymak için gereken bir zaman var. Daha iyi hissettiğinizde, devam edin ve hiçbir şeyden pişmanlık duymayın. Onu sevdin ve bir ödül olarak, Tanrı karşındaki kişiye kendi yolunda ilerlemesi için bir yol gösterecek. Başkaları tarafından neden olunan acının bedelini ödemesi için reddedilme olasılığı yüksek. Bu, gerçekten sevdiğimiz kişilere asla sahip olmadığımız bir kısır döngüyü yeniden başlatır.

Yoksullar, dışlananlar ve astlar adına hareket edin

Evsizlere, yetimlere, fahişelere, terk edilmişlere ve sevilmeyenlere yardım etmeye çalışın. Ödülünüz harika olacak çünkü iyi niyetinizi ödeyemeyecekler.

Bir şirkette, okulda, ailede ve genel olarak toplumda, sosyal sınıflarına, dinlerine, etnik kökenlerine, cinsel tercihlerine, hiyerarşilerine veya herhangi bir özelliğine bakılmaksızın herkese eşit davranın. Hoşgörü, en yüksek göksel mahkemelere erişebilmeniz için büyük bir erdemdir.

Son Mesaj

Vermek istediğim mesaj bu. Umarım bu birkaç satır kalbinizi aydınlatır ve sizi daha iyi bir insan yapar. Unutmayın: Her zaman değişme ve iyilik yapma zamanıdır. Daha iyi bir dünya için bu iyilik zincirinde bize katılın. Sonraki hikâye görüşürüz.

Refah yolu

Yol

İnsanoğlunun tüm bilincinde gözlemlenmesi gereken iki boyutu vardır: kendini görme biçimi ve toplum tarafından görülme biçimi. Yapabileceği en büyük hata, bizimki gibi bir toplum standardına uymaya çalışmasıdır. Çoğunlukla önyargılı, eşitsiz, zorbalık, zalim, kötü, ihanetlerle, yalanlarla ve maddi yanılsamalarla dolu bir dünyada yaşıyoruz. İyi öğretileri özümsemek ve özgün olmak, kendinizi kabul etmeyi hissetmenin en iyi yoludur.

Kendini daha iyi öğrenmek ve tanımak, iyi değerlere güvenmek, kendini ve başkalarını sevmek, aileye değer vermek ve hayır işleri yapmak başarı ve mutluluğu bulmanın yollarıdır. Bu yörüngede düşüşler, zaferler, üzüntüler, mutluluklar, boş zamanları, savaş ve barış anları olacaktır. Tüm bunlarda önemli olan şey, kendinize olan inancınız ve inancınız ne olursa olsun daha büyük bir güçle kendinizi korumaktır.

Tüm kötü anıları geride bırakmak ve hayatınıza devam etmek esastır. RAB Tanrı'nın, yaşamanın gerçek zevkini hissedeceğiniz güzel sürprizler hazırladığından emin olun. İyimserlik ve sebat edin.

Tanrı'ya giden yollar

Ben gerçekten tutarlı bir evrim içinde bu boyuta yardım etmeye gelen babanın oğluyum. Buraya geldiğimde, tamamen berbat bir insanlık buldum ve onu yaratmaktaki babamın birincil amacından sapmış bir insanlık buldum. Bugün en sık gördüğümüz şey, küçük, bencil, Tanrı'ya inanmayan, rekabetçi, açgözlü ve kıskanç insanlardır. Bu insanlar için üzülüyorum ve onlara elimden gelen en iyi şekilde yardım etmeye çalışıyorum. Örneğimle babamın gerçekten geliştirmelerini istediği nitelikleri gösterebilirim: Dayanışma, anlayış, iş birliği, eşitlik, kardeşlik, arkadaşlık, merhamet, adalet, inanç, pençe, sebat, umut, haysiyet ve her şeyden önce varlıklar arasındaki sevgi.

Bir diğer önemli sorun, daha çok tercih edilen bir grubun veya sınıfın parçası olmaktan duyulan insan gururudur. Sana anlatırım; bu Tanrı'nın önünde bir safra değil. Irkınız, renginiz, dininiz, sosyal sınıfınız, cinsel tercihiniz, siyasi partiniz, bölgeniz veya herhangi bir özelliğiniz ne olursa olsun çocuklarınızı kabul etmek için açık kollarınız ve kalbiniz olduğunu söylüyorum. Herkes babasının önünde eşittir. Ancak bazıları eserlerinden ve hoş ruhundan daha çok yararlanır.

Zaman hızlı akar. Bu nedenle, daha iyi ve daha adil bir evren için iş birliği yapma fırsatını kaçırmayın. Acı çekenlere, hastalara, fakirlere, arkadaşlara, düşmanlara, tanıdıklara, yabancılara, aileye, yabancılara, erkeklere ve kadınlara, çocuklara, gençlere veya yaşlılara, kısacası, intikam beklemeden yardım edin. Babanın önünde ödülün büyük olacak.

İyi ustalar ve çıraklar

Kefaret ve kanıt dünyasındayız. Birbirimize bağlı varlıklarız ve şefkat, sevgi, maddi kaynaklar ve ilgiden yoksundur. Her biri yaşamları boyunca deneyim kazanıyor ve kendilerine en yakın olanlara iyi bir şeyler iletiyor. Bu karşılıklı mübadele, tam bir barış ve mutluluk durumuna ulaşmak için şarttır. Kendini anlamak, başkalarının acısını anlamak, adalet için hareket etmek, kavramları dönüştürmek ve bilginin sağladığı özgürlüğü deneyimlemek paha biçilemez. Kimsenin senden çalamayacağı bir iyi.

Hayatım boyunca harika öğretmenlerim oldu: Ruhani ve cinsel babam, tatlılığıyla annem, öğretmenleri, arkadaşları, genel olarak ailesi, tanıdıkları, iş arkadaşları, velisi, Melek, Hindu, rahibe Renato (macera partnerim), Philip Andrews (Bir trajediyle işaretlenmiş bir adam), kişiliğiyle hikayeme damgasını vuran diğer birçok karakter. Tarihin gerilemesinde, yeğenlerime ve tüm insanlığa kitaplarım aracılığıyla rehberlik ettim. Her iki rolü de iyi yaptım ve kimliğimi arıyorum. Sorunun anahtarı, İsa'nın dediği gibi iyi bir tohum bırakmaktır: Doğrular, babalarının krallığındaki güneş gibi parlayacak.

Ayık kalmak için iyi uygulamalar

Dünyayı görmenin ve alışmanın farklı yolları var. Benim özel durumumda, uzun bir süre içsel ruhsal hazırlıktan sonra istikrarı koruyabilirim. Tecrübelerime göre, hayatın tutarsızlığı karşısında kendimi nasıl yönlendirebileceğime dair ipuçları verebilirim: Alkol içmeyin, sigara içmeyin, uyuşturucu kullanmayın, çalışın, keyifli aktivitelerle meşgul olun, arkadaşlarla dışarı çıkın, yürüyün, iyi bir şirkette seyahat edin, iyi yemek yiyin ve giyin, doğayla temasa geçin, telaştan ve animasyondan kaçının, zihninizi dinlendirin, müzik dinleyin, kitap okuyun, ev içi yükümlülüklerinizi yerine getirin, değer ve inançlarınıza sadık kalın, büyüklere saygı gösterin , gençlerin talimatına dikkat edin, dindar, anlayışlı ve hoşgörülü olun, manevi grubunuza toplayın, dua edin, temalar değil, iman edin. Bir şekilde kader sana iyi kapıları açacak ve sonra yolunu bulacak. Herkese bol şans diliyorum.

Örnekteki değer

İnsan, yapıtlarıyla yansıtılır. Bu bilge söz, mutluluğu elde etmek için tam olarak nasıl hareket etmemiz gerektiğini gösteriyor. Eğer onları uygulamaya koymazsa, insan için konsolide değerlere sahip olmanın bir faydası yoktur. Dünyanın dönüşmesi için iyi niyetlerden çok sağlam tutumlara ihtiyacımız var.

Evrendeki his

Kendinizi tanımayı, kendinize daha fazla değer vermeyi ve başkalarının iyiliği için iş birliği yapmayı öğrenin. Sorunlarımızın çoğu korkularımızdan ve eksikliklerimizden kaynaklanıyor. Zayıf yönlerimizi bilerek, onları düzeltebilir ve gelecekte bir insan olarak gelişmeyi planlayabiliriz.

Yanınızda olanların hakkını unutmadan ahlakınıza uyun. Daima tarafsız, adil ve cömert olun. Dünyaya davranış şekliniz intikam başarı, barış ve sükûnet olacaktır. Kendinize karşı çok seçici olmayın. Öğrenme perspektifinden hayatın her anından zevk almaya çalışın. Bir dahaki sefere, nasıl davranacağını tam olarak bileceksin.

İlahi hissetmek

Hiçbir şey tesadüfen değildir ve evrende var olan her şeyin önemi vardır. Yaşam armağanı, nefes alma, yürüme, çalışma, görme, sarılma, öpme ve sevgi verme fırsatı için mutlu olun. Hiç kimse izole bir parça değildir; biz evrenin donanımının bir parçasıyız. Basit zihinsel bağlantı egzersizleri yapmayı deneyin. Boş anlarınızda odanıza gidin, yatağınıza oturun, gözlerinizi kapatın ve kendinizi ve evrenin kendisini düşünün. Rahatladıkça sorunlarınız geride kalacak ve ilahi bağlantıya yaklaşımı fark edeceksiniz. Tünelin sonundaki ışığa odaklanmaya çalışın. Bu ışık size değişmenin, geçmişin hatalarını silmenin, kendinizi affetmenin ve düşmanları dost edinerek onlarla barışmanın mümkün olduğu ümidini veriyor. Kavgaları, kızgınlığı, korkuyu ve şüpheleri unutun. Bütün bunlar yolunuza çıkıyor. En çok birbirimizin tarafını anladığımızda ve devam etme yeteneğine sahip olduğumuzda aktif oluruz. Sağlığınız ve bekleyen sorunları çözmek için hâlâ zamanınız olduğu için teşekkür ederiz.

Biz babanın oğullarıyız; gezegenin gelişmesine yardımcı olmak ve aynı zamanda mutlu olmak için yaratıldık. Evet, buna değiyorsak hepsine sahip olabiliriz. Bazıları tek başına mutludur, diğerleri bir refakatçinin yanında, diğerleri bir din veya inançla meşgul olurken, diğerleri ise başkalarına yardım ederek. Mutluluk görecelidir. Çaresizlik ve karanlık günler olacağını ve şu anda inancınızın daha fazla olması gerektiğini asla unutmayın. Acı karşısında bir çıkış yolu bulmak bazen oldukça karmaşıktır. Ancak, başkaları bıraksa bile bizi asla terk etmeyen bir Tanrımız var. Onunla konuş ve sonra her şeyi daha iyi anlayacaksın.

Rutini değiştirme

Bugün dünya, hayatta kalmak için zamana karşı büyük bir yarış haline geldi. Genellikle işyerinde ailelerimizden daha fazla zaman geçiririz. Bu her zaman sağlıklı değildir, ancak gerekli hale gelir. Rutininizi biraz değiştirmek için günlerinizi ayırın. Arkadaşlarınızla, eşinizle dışarı çıkın, parklara, tiyatrolara gidin, dağlara tırmanın, nehirde veya denizde yüzmeye gidin, akrabaları ziyaret edin, sinemaya, futbol stadyumuna gidin, kitap okuyun, televizyon izleyin, internette sörf yapın ve yeni şeyler yapın Arkadaşlar. Şeylerin rutin görünümünü değiştirmemiz gerekiyor. Bu uçsuz bucaksız dünyayı biraz bilmemiz ve Tanrı'nın bıraktıklarının tadını çıkarmamız gerekiyor. Ebedi olmadığımızı, her an bir şey olabileceğini ve artık aramızda olmadığımızı düşünün. Yani, bugün yapabileceklerinizi yarın için bırakmayın. Günün sonunda yaşama fırsatı verdiğiniz için teşekkür ederim. Bu, aldığımız en büyük hediye.

Dünya eşitsizliği adalete karşı

Çılgın, rekabetçi ve eşitsiz bir dünyada yaşıyoruz. Cezasızlık, umutsuzluk, açgözlülük ve ilgisizlik duygusu ağır basmaktadır. İsa'nın geçmişte öğrettiği her şey çoğu zaman uygulamaya konulmuyor. Öyleyse, değer vermiyorsak, daha iyi bir dünya için bu kadar çabalamasının ne anlamı var?

Başkasının acısını anladığınızı, bazen internette hatta sokakta terk edilmiş bir küçüğün önünde bir görüntü görerek dayanışma ve şefkat duyduğunuzu söylemek zahmetsizdir. Tutum sahibi olmak ve bu hikâyeyi değiştirmeye çalışmak zor. Kuşkusuz, dünyanın sefaleti çok büyük ve herkese yardım etmenin bir yolu yok. Tanrı mahkemede bunu senden istemeyecek. Bununla birlikte, en azından yardım edebilirseniz, komşunuzun zaten boyutu iyi olacaktır. Ama sıradaki kim? O sizin işsiz kardeşiniz, karısını kaybettiğiniz için üzgün komşunuz, yardımınıza ihtiyacı olan iş arkadaşı. Her hareketiniz, ne kadar küçük olursa olsun, evrim açısından önemlidir. Unutmayın: İşimiz biziz.

Daima yardım etmeye çalışın. Senin mükemmelliğini talep etmeyeceğim; bu, bu dünyada olmayan bir şey. Senden istediğim komşunu, babamı ve kendini sevmen. Hak etmese de insanlığa olan sevgimin ne kadar büyük olduğunu size tekrar göstermek için buradayım. İnsanların sefaletinden çok acı çekiyorum ve onu iyi niyetimin bir aracı olarak kullanmaya çalışacağım. Ancak, hayatınızda hareket edebilmem için izninize ihtiyacım var. Benim ve babamın iradesini gerçekten yaşamaya hazır mısınız? Bu sorunun cevabı, varlığında kesin bir kilometre taşı olacaktır.

Müziğin gücü

Çok rahatlatıcı ve barışa ve insan evrimine ulaşmak için şiddetle tavsiye ettiğim bir şey müzik dinlemektir. Sözler ve melodi aracılığıyla zihnimiz dolaşır ve yazarın tam olarak ne yapmak istediğini hisseder. Çoğu zaman bu bizi gün içinde taşıdığımız tüm kötülüklerden kurtarır. Toplumun baskısı o kadar büyük ki, çoğu zaman başkalarının olumsuz ve kıskanç düşünceleri bizi şaşırtıyor. Müzik zihnimizi tamamen temizleyerek bizi özgürleştirir ve rahatlatır.

Müzik konusunda eklektik bir zevkim var. Brezilya popüler müziği, uluslararası, romantik veya herhangi bir kaliteli müziği seviyorum. Müzik bana ilham veriyor ve çoğu zaman onları sessiz müzik tercihlerinden duyuyorum. Bunu da yapın ve yaşam kalitenizde büyük bir fark göreceksiniz.

Kötülükle nasıl savaşılır

Büyük ejderhanın düşüşünden beri evrende bir ikilik yaşadık. Bu gerçeklik burada da dünyaya yansımaktadır. Bir yandan, yaşamak ve iş birliği yapmak isteyen dürüst insanlar ve başkalarının talihsizliğini arayan diğer piçler. Kötülüğün gücü kara büyü iken, iyinin gücü duadır. Karanlığın sizi vurmaması için günde en az bir kez kendinizi babanıza tavsiye etmeyi unutmayın.

İsa'nın öğrettiği gibi, canını bedeninden alabilecek insandan korkmayın, bu tema ruhunu mahkûm edebilir. Özgür irade sayesinde, düşmanların saldırısını kolayca reddedebilirsiniz. İyilik ya da kötülük seçimi yalnızca sizindir. Günah işlediğinizde, kendinizi haklı çıkarmayın. Hatanızı anlayın ve daha fazla kaçırmamaya çalışın.

Hayatımda sahip olduğum bir tutum, evren ve Tanrı ile olan ilişkimi tamamen değiştirdi. Hayatımda, ustanın iradesinin gerçekleşmesini ve Kutsal Ruh 'un harekete geçmesini diledim. O andan itibaren sadece itaatkâr olduğum için başarı ve mutluluk elde ettim. Bugün yaratıcımla tam bir birliktelik içinde yaşıyorum ve bundan memnunum. Bunun senin seçimin olduğunu unutma.

Ben anlaşılmazım

Ben kimim? Ben nereden geldim ben nereye gideceğim Amacım ne? Ben anlaşılmaz olanım. Oradan buraya yönsüz esen kuzeyin ruhuyum. Dahası, ben sevgiyim, doğru olanın imanı, çocukların umudu, acı çekenlerin yardım eliyim, iyi verilen öğütlerim, ben senin vicdanın tehlikeyi uyaranım, ruhu canlandıran benim, ben affediciyim, uzlaşmayım, anlıyorum ve günahtan önce bile iyileşmenize her zaman inanacağım. Ben David'in fidanıyım, ilk ve sonuncu, dünyaları yaratan tanrının takdiriyim. Ben kuzeydoğunun dünyayı fethetmeye mahkûm küçük rüya gibi tomurcukluyum. Dahası, ben en mahrem olana, görene kadar İlahi ya da sadece Tanrı'nın oğluyum. Onları karanlıktan kurtarmak için babamın emriyle aşağı indim. Benden önce hiçbir güç, otorite veya kraliyet yok çünkü ben Kralların Kralıyım. Ben senin hayatını değiştirebilecek imkansızın Tanrınım. Buna her zaman inan.

Sorun yaşamak

İlahi olduğum için her şeyi yapabilirim ve insan formunda diğerleri gibi zayıflıklarla yaşıyorum. Baskı, yoksulluk, zorluk ve kayıtsızlık dünyasında doğdum. Acını hiç kimse gibi anlıyorum. Dahası, ruhunuzun derinliklerinde şüphelerinizi ve gelebileceklerden korkunuzu görebiliyorum. Bunun farkında, onlarla en iyi nasıl yüzleşeceğimi biliyorum.

Ben senin en iyi arkadaşınım, her saat yanınızda olan. Birbirimizi tanımayabiliriz veya fiziksel olarak orada değilim, ancak insanlar aracılığıyla ve ruhen hareket edebilirim. Hayatın için en iyisini istiyorum. Asi olmayın ve başarısızlığın nedenini anlayın. Bunun nedeni, bir şeyin daha iyi bir şeye, asla hayal edemeyeceğiniz bir şeye hazır olmasıdır. Bunu deneyimlerimden öğrendim. Hiçbir canlının bana yardım etmediği yoğun bir umutsuzluk anı yaşadım. Neredeyse yıpranan ve yıpranan babam beni kurtardı ve muazzam sevgisini gösterdi. Geri ödemek ve aynı şeyi insanlığın geri kalanına yapmak istiyorum.

Hayatında neler olduğunu tam olarak biliyorum. Dahası, bazen kimsenin sizi anlamadığını ve yalnız olduğunuzu hissettirdiğini biliyorum. Bu anlarda mantıklı bir açıklama aramak yardımcı olmuyor. Gerçek şu ki, insan sevgisi ile benimki arasında büyük bir fark var. İlki neredeyse her zaman bir çıkar oyununa dahil olsa da aşkım yüce ve yüce. Seni büyüttüm, sana yaşam armağanı verdim ve her gün meleğim aracılığıyla senin yanında doğuyorum. Sana ve ailene değer veriyorum.

Dahası, acı çektiğinizde çok üzülüyorum ve bu reddediliyor. Bende asla olumsuz olmayacağını bilin. Bu arada, planlarımı anlamanızı ve kabul etmenizi rica ediyorum. Bütün evreni ben yarattım ve sizden daha fazlasını en iyi yolu biliyorum Buna bazıları ona bir varış noktası ya da öngörü diyor. Her şey yanlış görünse de her şeyin bir anlamı vardır ve hak ederseniz başarıya doğru ilerler.

İşte aranızda seven ve seven biri. Sonsuz aşkım asla bitmeyecek. Aşkım dolu ve talepleri yok. Sadece iyi bir adamın sağlam değerlerine sahip olun. İçime nefret, ırkçılık, önyargı, adaletsizlik veya aşağılama sözleri koymak istemeyin. Ben boyadıkları Tanrı değilim. Benimle tanışmak istiyorsan, çocuklarım aracılığıyla öğren. Barış ve herkese iyi.

İşte

Adamın boş bir zihne sahip olması iyi değil. Aylaklık geliştirirsek, bugünün ve geleceğin sorunları, huzursuzluğu, korkuları, utancımız, hayal kırıklıkları, ıstırapları ve tutarsızlığı hakkında düşünmeyi bırakmayacağız. Tanrı insana işin mirasını bıraktı. Çalışmak, bir hayatta kalma meselesi olmasının yanı sıra, en içteki boşluğumuzu doldurur. Kendinize ve topluma yararlı olma hissi benzersizdir.

Bir işte olma, profesyonel olarak gelişme, dostluk ve sevgi ilişkilerini güçlendirme ve bir insan olarak gelişme imkânına sahip olmak, onların daha hassas çabalarının bir sonucu olarak büyük bir armağandır. Kriz zamanlarında mutlu olun. Senin yerine kaç anne ve baba olmak istemedi? Ülkemizde gerçek, artan işsizlik, eşitsizlik, kararsızlık, kayıtsızlık ve siyasi kayıtsızlıktır.

Kendi payına düşeni yap. Gününüzün çoğunu geçirdiğiniz iş yerinde sağlıklı bir ortam sağlayın. Ancak, çok fazla beklentiniz olmasın ve işleri karıştırmayın. Nadir istisnalar dışında, genellikle hayatta ve işte sadece meslektaşlarla bulduğunuz arkadaşlar. Önemli olan, katılım, dakiklik, çabukluk, verimlilik, sorumluluk ve özveri içeren yükümlülüklerinize kesinlikle uymaktır. Çöküşünüzün içinde ve dışında bir davranış örneği olun.

Seyahat

Tanrı harika, güçlü ve eşsizdir. Büyük aşkı için bir şeyler yaratmak istedi ve sözüyle var oldular. Tüm maddi, manevi, görünür ve görünmeyen şeyler Yaradan'a şan verir. Bunların arasında adam da var. Evrende küçük bir nokta olarak kabul edilir, görebilir, hissedebilir, etkileşime girebilir, algılayabilir ve gerçekleştirebilir. Mutlu olmak için buradayız.

Hayatın size sunduğu fırsatlardan yararlanın ve bu evreni biraz tanıyın. Küçük ve büyük doğal işlere hayran kalacaksınız. Temiz havayı, denizi, nehri, ormanı, dağları ve kendinizi hissedin. Hayatınız boyunca tavırlarınız ve deneyimleriniz üzerine düşünün. İnanın bana bu size yaşam kalitesi ve tarif edilemez bir huzur hissi verecektir. Şimdi mutlu ol. Gelecek belirsiz olduğu için onu sonraya bırakmayın.

Hak aramak

Haklarınızı eksiksiz yaşayan tam bir vatandaş olun. Görevlerinizi ve yükümlülüklerinizi tam olarak bilin. İhlal edilirlerse, mahkemede tazminat isteyebilirsiniz. Talebiniz yerine getirilmese bile vicdanınız net ve yolunuza devam etmeye hazır olacaktır. Unutmayın ki başarısız olmayan tek doğruluk ilahi olanı ve doğru tavırlarla kutsamalarınız gelecektir.

Tam aşka inanın

Bugün, ilginin, kötülüğün ve anlayış eksikliğinin hâkim olduğu bir dünyada yaşıyoruz. Bizim için gerçekten istediğimiz şeyin var olmadığını ya da kesinlikle nadir olduğunu fark etmek moral bozucu. Varlığın ve gerçek aşkın değersizleşmesiyle alternatiflerimiz tükenir. Hayatın zorluklarından yeterince acı çektim ve deneyimlerimden belki uzak da olsa bir umuda hala inanıyorum. Başka bir düzlemde tüm yaptıklarımıza bakan ruhani bir baba olduğuna inanıyorum. Kariyeri boyunca yaptığı çalışmalar, özel bir insanla birlikte gelecekteki mutluluğu akredite edecek. İyimser, sebatlı olun ve inançlı olun.

Bir ilişkiyi nasıl yöneteceğinizi bilmek

Aşk İlahidir. Bu duygunun diğer bireyin iyiliğini istemek olarak kavramsallaştırılması. Bu aşamaya ulaşma sürecinde bilmeniz gerekir. Bilgi büyüler, gevşetir veya şekilsizdir. Bu aşamaların her biriyle nasıl başa çıkılacağını bilmek, iyi yöneticinin görevidir. Bir dil figürü kullanarak, şefkat bir bitkiye benzetilebilir. Sık sularsak büyüyecek ve güzel meyve ve çiçekler verecektir. Onu küçümsersek, soldu, çürüyor ve bitiyor. Bir ilişki içinde olmak, kiminle birlikte olduğumuza bağlı olarak olumlu veya olumsuz bir şey olabilir. Bir çift için birlikte yaşamak, modern zamanların en büyük mücadelesidir. Artık bir birliği sürdürmek için sevgi tek başına yeterli olmadığına göre, daha geniş faktörleri içeren bir şeydir. Bununla birlikte, acı ve çaresizlik zamanlarında güçlü bir sığınaktır.

Masaj

Masaj, yapılabilecek harika bir egzersizdir. Alıcı, kasların gevşemesinin verdiği hazzı deneyimleme fırsatına sahip olan kimdir? Bununla birlikte, eller ile çalışılan alan arasındaki sürtünmenin orantılılığının abartılmamasına özen gösterilmelidir. Birbirini seven iki insan arasında bir değişim olduğunda bundan daha da iyi yararlanabilirsiniz.

Ahlaki değerlerin benimsenmesi

Samimi, gerçekçi, zevkli ve gerçek bağlantılar kurabilen bir duyguyu geliştirmek için iyi bir rehberlik şarttır. Söylendiği gibi, aile her şeyin temelidir. Eğer onun içinde iyi anne babalar, çocuklar, kardeşlersek, bizler de onun dışında olacağız.

Sizi refah yoluna yönlendirebilecek bir değerler etiği uygulayın. Kendinizi düşünün, aynı zamanda diğerinin haklarını da her zaman saygıyla düşünün. Zihniniz zayıflasa ve cesaretinizi kırsa bile mutlu olmaya çalışın. Hiç kimse harekete geçmez ve denemezse ne olacağını bilmiyor. Olabilecek en büyük şey bir başarısızlıktır ve bizi eğitmek ve bizi gerçek kazananlar yapmak için yapıldılar.

Gerçek bir dost ruhuna sahip olmak

İsa yeryüzündeyken bize bir davranış modeli ve izlenecek bir örnek bıraktı. En büyük eylemi, günahlarımız için çarmıhta teslim olmaktı. Bunda gerçek bir dostluğun değeri, hayatınızı diğerine bağışlamanın değeri yatıyor. Bunu senin için gerçekten hayatında kim yapar? İyice bak. Cevabınız olumluysa, bu kişiye değer verin ve onu içtenlikle sevin çünkü bu duygu nadirdir. Bu ilişkiyi hiçbir şey için mahvetme. Bu büyük sevginin azıcık işleri ve sözleriyle karşılık verin ve mutlu olun.

Gözlemlenecek eylemler

1. Başkalarının size yapmasını istediğiniz şeyi başkalarına yapın. Bu, arkadaş canlısı, yardımsever, kibar, cömert olmayı ve başkalarına zarar vermemeye çalışmayı içerir. Yanlış yerleştirilmiş kelimeler yüzünden acı çekmenin ne olduğu konusunda hiçbir boyutunuz yok. Bu gücü sadece başkalarına iyilik ve rahatlık sağlamak için kullanın çünkü kaderin bizim için neyin geçerli olduğunu bilmiyoruz.
2. Yalanların düşmanı olun ve her zaman gerçekle yürüyün. Her ne kadar olursa olsun, olan her şeyi itiraf etmek daha iyidir. Kendinizi haklı çıkarmayın veya haberleri yumuşatmayın. Açık ol.
3. Diğerinden olanı çalmayın ve başkalarının hayatının önüne geçmeyin. Ödemeler ve hesap verme konusunda adil olun. Başkalarına karşı kıskançlık, iftira veya yalan beslemeyin.
4. Hepimiz Tanrı, kader veya kozmik bilinç olarak bilinen bir bütünün parçasıyız. İlişkide uyum, suç ortaklığı ve birlikteliği sürdürmek için, dünyadaki şeylerden uzak durmak için muazzam bir çaba gerekiyor. Her zaman iyi egzersiz yapın ve yolunuz yavaş

yavaş gökteki babaya kadar izlenecektir. Dediğim gibi, hiçbir şeyden korkmayın. Pek çok dinin resmettiğinin aksine, babam bir cellat ya da bağnaz değildir, sevgiyi, hoşgörüyü, cömertliği, eşitliği ve dostluğu yüceltir. Kazanırsa herkesin benim krallığımda yeri vardır.

5. Basit ve güvenli bir yaşama sahip olun. Maddi malları gereksiz yere biriktirmeyin ve savurganlıklara teslim olmayın. Her şey doğru ölçülerde olmalı. Zengin veya zenginseniz, daima bağış ve hayırseverlik sanatını uygulayın. Bunun kendin için ne kadar iyi olacağını bilmiyorsun.
6. Vücudu, ruhu ve kalbi temiz tutun. Şehvet, oburluk veya tembellik gibi cazibelere teslim olmayın.
7. İyimserlik, sevgi, umut, inanç ve sebat geliştirin. Hayallerinden asla vaz geçme.
8. Topluluk sosyal projelerine ne zaman katılabiliyorsanız. Sevilen küçükler için her eylem cennetteki hazinelerini artıracaktır. Bunu güç, para, etki veya sosyal statü için tercih edin.
9. Kültüre çeşitli tezahürleriyle değer vermeye alışın. Arkadaşlarla, sinemayla, tiyatroyla gezmeye gidin ve ilham verici kitaplar okuyun. Edebiyatın büyülü dünyası, size bol eğlence getirecek zengin ve çeşitli bir dünyadır.
10. Meditasyon yapın ve şimdiki zamanınız ve geleceğiniz üzerine düşünün. Geçmiş artık önemli değil ve günahınız kırmızı olsa bile, affedebilir ve size gerçek aşkımı gösterebilirim.

Beslenme bakımı

Vücudumuza iyi bakmak, iyi yaşamamız için çok önemlidir. Temel ve önemli maddelerden biri besindir. Dengeli bir diyet benimsemek, hastalıklardan kaçınmanın en iyi yoludur. Sağlıklı alışkanlıklar edinin ve vitaminler, mineraller, lifler ve proteinler açısından zengin yiyecekler yiyin. Ayrıca israftan kaçınmak için hayatta kalmak için gerekli olanı yemek de önemlidir.

Uzun ve iyi yaşamak için ipuçları

1. Vücudu ve zihni daima aktif tutun.
2. Flört.
3. Başkalarına ilişkin inancınızı geliştirin.
4. Sağlam ve cömert sosyal bir arada yaşama değerlerine sahip olmak.
5. Orta derecede yiyin.
6. Uygun bir egzersiz rutinine sahip olun.
7. İyi uykular.
8. Mantıklı olun.
9. Erken kalkın.
10. Çok seyahat edin.

Dans

Dans, bireyin refahı için kritik bir egzersizdir. Sırt problemlerinde ve harekette yaşlanmaya karşı mücadeleye yardımcı olur, pozitifliği artırır. Her melodiye entegre olmak her zaman kolay değil, zevkli ve ödüllendirici bir görevdir. Bu alıştırmada bir alışkanlık edinin ve mutlu olmaya çalışın.

Oruç tutmak

Oruç, kutsal günlerde veya ruhlar dünyasında başı dertte olan ruhlara yardım etmek için sözler verdiğimizde uygundur. Bununla birlikte, bittikten sonra, sağlıklı ve çeşitli yiyecekler tüketilerek güçlerin yeniden düzenlenmesi önerilir.

Tanrı kavramı

Tanrı başlamadı ve sonu olmayacak. İyinin yaratıcı güçlerinin birliğinin sonucudur. Yaradılışının tüm eserlerinde, birçok kişinin "İç Benlik" olarak adlandırdığı zihinsel refleks süreci aracılığıyla onlarla iletişim halinde bulunur.

Tanrı insan sözleriyle tanımlanamaz. Ama yapabilseydim, bunun sevgi, kardeşlik, bağış, sadaka, adalet, merhamet, anlayış, adalet ve hoşgörü olduğunu söyleyebilirim. Eğer hak ediyorsan, Tanrı onu krallığına kabul etmeye razı. Kritik bir şeyi hatırlayın: Sadece cennetin krallığında dinlenmeye hakkınız var, kardeşleriniz çalışmalarınızdan dinleniyor.

İyileştirme adımları

Dünya, insanların ilerlemesi için bir kefaret ve kanıt dünyasıdır. Varoluşumuzun bu aşaması, tatmin edici bir manevi boyut yaşayabilmemiz için iyi işlerimizle işaretlenmelidir. İnsan, mükemmelliğin doluluğuna ulaşarak, kozmik boyutun bir parçası haline gelir veya basitçe Tanrı olarak kavramsallaştırılır.

Zihnin özellikleri

1. İyi istek teşvik edilmeli ve etkili bir şekilde uygulamaya konulmalıdır.
2. Düşünce, yaratıcı ruhun gelişmesi için serbest bırakılması gereken yaratıcı bir güçtür.
3. Rüyalar, dünyayı nasıl gördüğümüzün işaretleridir. Gelecekle ilgili tanrıların mesajları da olabilir. Ancak somut sonuçlar elde etmek için gerçekte kalmak gerekir.
4. Maddi şeylerden ayırt etme, bilgi ve kopukluk, evrimi arayan herkesin zihninde çalışmalıdır.
5. Evrenin bir parçasını hissetmek, bir gelişme ve bilinç sürecinin sonucudur. İç sesinizi nasıl tanıyacağınızı bilin.

Nasıl hissetmem gerekiyor?

Yaşam armağanı ve babanızın size verdiği her şey için teşekkür ederim. Her başarı, günlük yaşamlar sanki bir başkası yokmuş gibi kutlanmalıdır. Kendinizi küçümsemeyin ve kozmos boyutundaki rolünüzü nasıl tanıyacağınızı bilmeyin. Ebeveynlerim, sınırlamalarına ve inançsızlıklarına rağmen onları büyük bir bakışla görüyor. Kendinizi iyi şeylere layık yapın.

Divine olarak bilinen Pernambuco'nun iç kesimlerinin küçük hayalperestleri gibi olun. Hayatın getirdiği tüm zorluklara ve zorluklara rağmen, daha büyük bir güce ve olanaklarına inanmaktan asla vazgeçmedi. Her zaman ümide inanın çünkü Tanrı bizi seviyor ve bizim için en iyisini istiyor. Ancak, bu süreçte üzerinize düşeni yapmaya çalışın. Projelerinizde ve hayallerinizde aktif olun. Her adımı tam olarak yaşayın ve başarısız olursa cesaretiniz kırılmasın. Zafer hak ederek gelecek.

Eğitimin rolü

Biz gelişmeye hazır varlıklarız. Gebe kalmadan, çocukluktan ve hatta okula dahil edilmekten öğrenebilir ve başkalarıyla ilişki kurabiliriz. Bu etkileşim, genel olarak gelişimimiz için kritik öneme sahiptir. Bu noktada öğretmenler, ebeveynler, arkadaşlar ve tanıdığımız herkes bir kişilik oluşturmada kilit bir rol oynar. Yararlı şeyleri özümsemeli ve babaya doğru doğru yolu izleyerek kötü olanları reddetmeliyiz.

Sonuç

Dinleri tanımayı arayan bu ilk metinleri burada kapatıyorum. Umarım benim bakış açıma göre iyi öğretileri özümsemiş olabilirsiniz ve eğer bu sadece bir kişi olsa bile yardımcı olursa, eskiden zamana göre ben de vereceğim. Herkese sarılmak, başarı ve mutluluk.

İnançla kazanmak

Ruhani ve bedensel düşmanlara karşı zafer

RAB şöyle der: "Doğrulara, günlük iyilik sanatını uygulayarak emirlerimi doğru bir şekilde uygulayanlara, düşmanlarımın önünde sürekli koruma sözü veriyorum. Bir çokluk, hatta tüm cehennem size karşı gelse bile, hiçbir kötülükten korkmayacaksınız. Çünkü seni ayakta tutuyorum. Benim adımla, on bin sağına, yüz ben soluna düşecek, ama sana hiçbir şey olmayacak, çünkü benim adım RAB. "

Tanrı'dan gelen bu sembolik mesaj, her durumda düşmanlarımızın gazabına karşı bizi sakinleştirmeye yeter. Tanrı bizden yanaysa, bize karşı kim olacak? Aslında, evrenin hiçbir yerinde Tanrı'dan daha büyük kimse yoktur. Hayat kitabında yazılan her şey olacak ve muhakkak senin zaferin gelecek kardeşim. Haksızlığın zaferi saman olur, ama buğday sonsuza kadar kalır. Öyleyse, biraz daha inançlı olalım.

İnsan-Tanrı ilişkisi

İnsana, toprağın meyve vermesi ve zenginleşmesi için idaresi verildi. İsa'nın bize öğrettiği gibi, Tanrı ile ilişkimiz babadan oğula olmalı ve sonuç olarak, günah onu korkutsa bile ona yaklaşmaktan utanmıyoruz. Tanrı, iyi yüreği, çalışkan adamı, sürekli evrim yolunu izleyebilmek için her zaman gelişmeye çabalayan kişiyi besler.

Günah anında, hatanın bir kez daha tekrarlanmaması için, günahın neden olduğu üzerinde düşünmek en iyisidir. Alternatif yollar aramak ve yeni deneyimler aramak her zaman müfredatımıza katkıda bulunur ve bizi hayata daha hazır insanlar yapar.

Tüm bunların asıl amacı, hayatınızı Kutsal Ruh'un eylemine açmaktır. Onun yardımıyla, iyi şeylerle bağlantılı olduğunu söyleyebileceğimiz bir seviyeye gelebiliriz. Buna komün yon denir ve tam olarak yaşanabilmesi için gerekli, teslim edilmiş ve tutku duyulmuştur. Bedensel dünyanın şeylerinden vazgeçmek ve içinizdeki kötülüğü reddetmek, değişen bir dünyada yeniden doğmak için gerekli ve etkili koşullardır. Yükselen Mesih'in aynası olacağız.

Acı içinde Rabbe inanmak

Bizi sürekli acı içinde bırakan bir kefaret ve kanıt dünyasında yaşıyoruz. Kayıp ya da karşılıksız bir aşk için acı çekeriz, bir aile ferdinin kaybından dolayı acı çekeriz, Mali zorluklar yaşıyoruz, diğerinin yanlış anlaşılmasından acı çekeriz, insan kötülüğünden kaynaklanan şiddetten acı çekeriz, zayıflıklarımızdan sessizce acı çekeriz, özlem, hastalıklar ve ölüm korkusu, kaybetmek istediğimiz yenilgiler ve üzücü günler için acı çekeriz.

Kardeşim, bu dünyada yaşayanlar için acı kaçınılmaz olduğundan, Rabbe ve oğlu İsa Mesih'e sarılmak zorundayız. İkincisi, bir erkek olarak her türlü belirsizliği, korkuyu, talihsizliği hissetti ve yine de mutlu olmaktan asla vazgeçmedi. Biz de öyle olalım, her gün daha iyisini yapabileceğinizi düşünerek ve ilerleme şansı ile yaşayalım. İşin sırrı her zaman yolumuza devam etmek ve haçlarımızı taşımak için ondan yardım istemektir. Her şeye gücü yeten, samimiyetinizi ve dönüşümünüzü ödüllendirecek ve hayatınızı bir zevk denizine dönüştürecektir. Sorun, acının dışlanmasını sağlamak değil, iyi ruh halimizi etkilemeyecek şekilde birlikte nasıl yaşayacağımızı bilmek meselesidir. Ve böylece, hayat büyük problemler olmadan devam edebilir.

Dürüst bir inanç adamı olmak

Gerçek Hıristiyan, her koşulda İsa'nın örneğini izler. Temel emirlere ek olarak, müjde, yaşamın kendisi, kötülük ve dünyanın tehlikesi hakkında bir fikriniz var ve hareket etmenin en iyi yolunu biliyorsunuz. Hristiyan bir yurttaş örneği olmalıdır çünkü sosyal ortamda uyulması ve gözetilmesi gereken kurallar vardır. Bir şey inanç ve başka bir şey eşinize saygıdır.

Tanrı'n istediği, insanın sadece dünya değil, onun da vatandaşı olmasıdır. Bunun için kişinin iyi bir baba, iyi bir oğul, iyi bir koca, sadık bir dost, namaza adanmış bir hizmetçi, iş için yaşayan bir erkek ya da kadın olması gerekir çünkü aylaklık şeytanın atölyesidir. RAB meselesine bağlı olan insan, mutlu olma yolunda önemli bir adım atabilir ve sonunda imanla kazanabilir! Herkese büyük bir kucak ve bir dahaki sefere görüşmek üzere.

Mesihler

İnsanın misyonu

Dünya, evrenin sayısız parçasına dağılmış diğer yıldızların yanı sıra sık sık yaşamı barındırmak için yaratıldı. Güç, güç, tatlılık ve lütufla insanları, kendi imajı ve benzerliği olma ayrıcalığına sahip özel yaratıklar yaratmak için aranan pekiştirilmiş sevgi Tanrı.

Ancak bunun onların imajı ve benzerliği olması, aynı öze sahip oldukları anlamına gelmez. RAB mükemmelliğin tüm şartlarına sahipken, insan doğuştan kusurlu ve günahkardır. Tanrı böylelikle büyüklüğünü göstermek istedi, bizi o kadar sevdi ki, kendimize mutluluk yolunu bulabilmemiz için anahtar unsurları sağlayarak bize özgür irade verdi.

Dünyadaki mükemmelliğin sonsuza dek asla elde edilemediği sonucuna varıyoruz, bu da belirli dinlerin bazı eski efsanelerini ortadan kaldırıyor. İnsan olarak var olmanın temel koşulu olan düalisteyim yaşıyoruz.

Şimdi soru geliyor: Evrenin yaratılışının ve yaşamın kendisinin anlamı nedir? Tanrı ve planları çoğu insan tarafından bilinmemektedir, birçoğu etraflarında olanların farkında bile değildir. Babamın sonsuza dek yaşadığını, insanlık öncesi İsa ve İlahi olmak üzere iki çocuğunun babası olduğunu, ilki "kalenquer" denilen göksel yıldızları yarattığını söyleyebiliriz. Şu anki dünyaya benzer yönlere sahip bu gezegende, evrensel önem sırasına göre ikinci olan melekleri yarattı. Bundan sonra, yaratılışın gizemini devam ettirmek için evreni dolaştı ve otoritesini İsa'nın, İlahi olanın ve Mihail'in (en adanmış hizmetkar) ellerine bıraktı. Bu yaklaşık on beş milyar yıl önceydi.

Bu zamandan günümüze, evren, ilk yaratılışın farkına bile varılmayacak şekilde dönüştürüldü. İş birliği, birlik, hayırseverlik, sevgi, bağış ve kurtuluştan biri olan hayatın anlamı, anlaşmazlığa, kıskançlığa, yalana, düşmanlığa, suça, doğal kaynakların harap edilmesine, para ve güç sevgisine, bireyciliğe ve zafer arayışına dönüşmüştür. Tüm masraflar.

Gitmek istediğim yer orası. Ben ruhani Rabbin oğluyum ve kritik bir görevi yerine getirmek için dünyaya geldim. Kardeşlerimi babamın lütfuna ve krallığıma çağırmak istiyorum. Davetimi kabul ederseniz, davalarınıza ve yüce mutluluğunuza sürekli bir bağlılık sözü veriyorum. Tanrı bunun için sizden ne istiyor?

Mesih ol

Yaklaşık iki bin yıl önce dünya, Tanrı'nın ilk oğlunu alma ayrıcalığına sahipti. İsa Mesih olarak bilinen, babası tarafından Tanrı'nın gerçek sözünü getirmek ve günahlarımızı kurtarmak için gönderilmiştir. İsa otuz üç yıllık yaşamı boyunca verdiği örnekle, Tanrı'yı memnun eden mükemmel insanın temel temellerini kazdı. İsa, insanın Tanrı ile ilişkisindeki temel noktaları açıklığa kavuşturmak için geldi.

Mesih'in hayatının ana noktası, günahkâr insanlık için bir kurban olarak hizmet ederek çarmıhta teslim olma cesaretiydi. "Gerçek arkadaş, diğerine kayıtsız şartsız hayatını veren kişidir ve Mesih bunun yaşayan bir örneğidir."

Teslim olmak, kardeşten vazgeçmek, kutsal kitaplardaki açık ve üstü kapalı emirleri yerine getirmek ve iyilik yapmak her zaman Tanrı'nın krallığını miras almanın gerekliliklerdir. Bu, İsa'nın krallığı, benim ve iyiliğin tüm ruhları, her biri hak ettiği yerde.

Evrenin sürekli evrimine yardımcı olarak sağlıklı, zevkli ve insani değerler geliştirin ve ebedi krallığa doğru iyi bir tohum ekiyor olacaksınız. Kötü etkilerden uzak durun ve bazı uygulamalarınızı desteklemeyin. İyiyi kötüden nasıl ayırt edeceğinizi bilin. Tedbirli ve dikkatli olun.

İçinde yaşadığımız dünya, olmaktan daha fazlasına sahip olmaya değer bir görünümler dünyasıdır. Bunu farklı yapın. İstisna olun ve gerçekten değerine değer verin. Gökyüzünde hırsızların çalmadığı veya güve ve paslanmanın aşınmadığı hazineler toplayın.

İyi yerleştirmelerle konuşulan her şeyden sonra, kişisel bir düşünceye ve sizin açınızdan dikkatli bir analize bağlıdır. Bu krallığa entegre olmak ya da olmamak özgür seçiminizdir, ancak şans eseri kararınız benim ve tüm göksel güçler tarafından benimsenmiş bir evet hissi ise. Sonsuza dek iyiyi ve barışı teşvik ederek bu dünyayı daha iyi bir dünya yapacağız. "Mesihlerden" biri olun. Geleceğin dünyasında, inşallah babayla tam bir uyum ve zevk içinde birlikte olacağız. Bir dahaki sefere görüşürüz. RAB seninle.

İki yol

Seçim

Dünya, insanların birbirleriyle etkileşime girmesi, deneyimlerine göre öğrenmesi ve öğretmesi için yerleştirildiği doğal bir ortamdır. İnsan, özgür iradenin zorlamasıyla her zaman karar vermeyi gerektiren durumlarla karşı karşıya kalır. Şu anda, çözümün sihirli bir formülü yok, ancak her zaman tatmin edici sonuçlar vermeyen alternatiflerin analizi.

Bu seçimlerde yapılan hatalar bizi daha eleştirel bir ruha ve daha açık bir zihne sahip kılar, böylece gelecekte gelecekteki seçimlerimizde daha fazla isabet alacağız. Sözde deneyim çünkü bu, ancak zamanla elde edilir.

Dünya üzerindeki yörüngemizde, evrende hareket eden iki iplik olduğu açıktır: biri kötü huylu diğeri iyi huylu. Hiç kimse tamamen kötü ya da iyi olmasa da bu anlaşmazlıkta bizim tarafımıza karar verecek olan baskın eylemlerimizdir.

Benim deneyimim

Ben Mesih, İlahi, Tanrı'nın oğlu ya da sadece gören olarak bilinen ruhsal Rabbin çocuğuyum. Kuzeydoğunun iç kesimlerinde bir köyde doğdum ve bu bana insanlığın en kötü hastalıklarıyla temasa geçme fırsatı verdi.

Hayatlarımızda ve özellikle de kişiliğimizde seçimlerin kesinlikle büyük bir ağırlığı vardır. Ben çiftçinin oğluyum, iyi değerlerle büyüdüm ve her zaman onları harfiyen takip ettim. Fakir bir şekilde büyüdüm ama başkalarına karşı şefkat, cömertlik, dürüstlük, karakter ve sevgiden hiçbir zaman mahrum kalmadım. Yine de kötü havadan kurtulamadım.

Mütevazı durumum büyük bir belaydı: Düzgün yemek için param yoktu, çalışmalarımda yeterli maddi desteğim yoktu, kapalı alanda çok az sosyal etkileşimle büyüdüm. Her şey zor olsa da bu akımla daha iyi günler arayışıyla savaşmaya ilk önemli tercihim olmaya karar verdim.

Hiç de kolay olmadı. Çok acı çektim, bazen umudumu yitirdim, pes ettim ama derinlerde bir şey Tanrı'nın beni desteklediğini ve benim için başarılarla dolu bir yol hazırladığını söyledi.

Tam kendimden vazgeçtiğim anda, RAB Tanrı harekete geçti ve beni kurtardı. Beni bir oğul olarak evlat edindi ve tamamen diriltti. Oradan, en yakın insanların hayatlarını dönüştürmek için içimde yaşamaya karar verdi.

Hedef

Işık Krallığı, Ekim 1982

Yüksek konsey önemli bir soru üzerinde düşünmek için aceleyle toplandı: Bir işi yapmaktan sorumlu ruh ne olurdu? Üyelerden biri şu sözleri söylemiştir:

Bu iş kritik. Kendimize tamamen güven duyan ve yeryüzünde yaşama mücadelesine hazırlıklı birini seçmemiz gerekiyor.

Üyeler arasında her birinin önerisiyle hararetli bir tartışma başladı. Bir anlaşmaya varamadıkları için, seçilen temsilcinin seçildiği hızlı bir oylama yapıldı. Ruh ve baş melek, korunmaları için seçildi.

Seçim yapıldıktan sonra RAB nefes aldı ve ruhlar yeryüzüne gönderildi. Biri dünyevi bir beden için, diğeri de Dünya'nın çevresinde hayatta kalabilen ruhsal bir beden için. İlahi ve Sevgili Baş meleği bu şekilde dünyaya geldi ve bu, seçilen her insan için benzer bir süreçtir. Hepimiz ilahi öze sahibiz.

Görev

Divine, Pernambuco'nun arka eyaletinde bir yerde şaşırtıcı zorlukların ortasında doğdu ve büyüdü. Zeki ve nazik bir çocuk, genel olarak insanlara her zaman yardımcı olmuştur. Önyargı, sefalet ve ilgisizlikle yaşamak bile yaşamaktan asla vazgeçmedi. Bu, Kuzeydoğunun içine girdiği siyasi ve sosyal dehşet karşısında büyük bir başarıdır.

Yirmi üç yaşında ilk büyük mali ve kişisel krizle yaşadı. Sorunlar onu, Tanrı'yı ve ilkelerini unuttuğu, ruhun karanlık gecesi olarak adlandırılan bir dönem olan dibe vurmaya yöneltti. Divine, bir şey değişene kadar durmadan dipsiz bir uçurumun üzerine düşüyordu: Yere düşeceği an, Rabbin meleği harekete geçti ve onu serbest bıraktı. RAB için şeref!

Oradan işler değişmeye başladı: Bir iş buldu, üniversiteye başladı ve terapi için yazmaya başladı. Durum hala zor olsa da en azından iyileştirme beklentileri vardı.

Önümüzdeki dört yıl içinde, üniversiteyi bitirdi, işini değiştirdi, yazmayı bıraktı ve gelişmeye başlayan hediyesini takip etmeye başladı. Böylece, görenin destanı başladı.

Vizyonun anlamı

Psişik Divine, ünlü bir para psikologla birlikte özel bir tıp kliniğinde tedavi görüyordu. Altı aylık uzun bir tedaviden sonra nihayet on ikinci seansta bir karara vardı. Aşağıdaki toplantıyı özet olarak yazacağım:

St. Lawrence kliniği, kırsal bölgenin başkenti olan binaların ortasında kaybolan basit tek katlı bir bina olan Pernambuco'nun geri kalan bölgesi Atlanta'nın merkezinde bulunuyordu. Divine sabah saat sekizde gelmişti ve hemen doktorla ilgileniyordu. İkisi de özel bir odaya gittiler ve oraya vardıklarında Divine ve Doktor Hector Smith karşı karşıya geldi. İkincisi teması başlattı:

"İyi haberlerim var. Ruhsal elektriksel dürtülerinizi cihazım aracılığıyla kaydedilebilir fotokimyasal birimlere dönüştürebilecek bir madde geliştirdim. Sonuçlara bağlı olarak, kesin bir sonuca varacağız.

"Korkuyorum. Ancak, tüm gerçeği bilmek istiyorum. Devam edin, Doktor.

"Bu harika. (Doktor Hector Smith)

Bir işaretle Divine, bacakları ve telleriyle dolu garip, dairesel, geniş bir araca yaklaştırdı. Cihaz manuel okuyucuyu sevmişti ve para psikolog nazikçe genç adama ellerini koyması için yardım etti. Temas Divine için yoğun bir şoka neden oldu ve sonuçlar diğer tarafta bir ekranda belirdi. Birkaç saniye sonra Divine elini çekti ve doktor sonucu otomatik olarak yazdırdı.

     Sınavın sahibi, sevinçle yüzleşti ve iletişim kurmak için geri döndü:

     "Şüphelendiğim buydu. Sahip olduğunuz vizyonlar, başka bir yaşamla ilişkilendirilen doğal bir sürecin parçası. Amacınız sadece yolda size rehberlik etmek.

     "Normal olduğumu mu söylüyorsun?

     "Normal. Diyelim ki gezegende özel ve eşsizsin. Sanırım burada durabiliriz. Memnunum.

     "Davama olan bağlılığınız ve bağlılığınız için teşekkür ederim. Arkadaşlık kalır.

     "Ben de aynı şeyi söylüyorum. İyi şanslar, Tanrı'nın oğlu.

     "Sana da hoş çakal.

     "Hoş çakal.

     Bununla birlikte, ikisi düpedüz uzaklaştı. Bugün Divan'ın vizyonlarının açığa çıkışını işaret ediyordu ve oradan itibaren hayatı normal seyrini izleyecekti.

     Divine, vizyonların açığa çıkmasıyla çalışmaya devam etmeye karar verdi ve yazmaya devam etti. Yeteneği nedeniyle kendisine "Görücü" adını verdi ve aynı adlı edebi diziyi kurmaya başladı. Şimdiye kadar inşa ettiği her şey, Rabbin kendisine emanet ettiği bir görev için çalışmanın ne kadar değerli olduğunu ona gösterdi.

     Divine şu anda hayata iyimserlikle bakıyor. Hayat ona hala sürprizler vaaz etse de kişisinin değerini ve inancını göstererek hedeflerinde ısrar ediyor. Hayatın ve zorluklarının yok etmediğine bir örnek.

     Başarısının sırrı, var olan her şeyi yönlendiren daha büyük bir güce olan inancında yatmaktadır. Bu güçle silahlanan insanın engelleri aşması ve yaşam çizgisinde saklı olan kaderini gerçekleştirmesi mümkündür.

     Bakın, işin sırrı şudur: "Yaşamı sevinçle, inançla ve umutla yaşamak. Eserlerinin bir kısmını tüm evren için dönüştürmek ve Divine'ın edebiyatıyla yapmak istediği şey budur."

Kendisine ve bu ülkenin kültürüne katkıda bulunan herkese bol şans. Herkese iyi şanslar ve sevgi dolu bir kucaklaşma.

Bozuk bir dünyada özgünlük

Zor zamanlarda üzüntü

Haksızlık yok olur ve çoğu zaman suçu Tanrı'ya ve başkalarına yüklemeye çalışır. Asi ve ahlaksızlıklarla dolu yaşamaya çalışırken emeğinin, deliliğinin meyvelerine ulaştığının farkında değildir. Tavsiye, başkalarının başarısı hakkında endişelenmem veya onu kıskanmam. İyi çalışmalarla anlamaya ve kendi yolunuzu bulmaya çalışın. Her şeyden önce dürüst, doğru ve özgün olun, o zaman zafer hak ederek gelecektir. Rabbe iman edenler, kısa sürede hayal kırıklığına uğrayacaklar.

Bozuk bir dünyada yaşamak

Bugün dünya çok dinamik, rekabetçi ve şiddetle dolu. Bu günlerde iyi olmak gerçek bir meydan okumadır. Genellikle sadık, ihanet, yalancılık, kıskançlık, açgözlülük, umutsuzluk durumları yaşadı. Babam bunun tersini arıyor: nezaket, iş birliği, sadaka, sevgi, kararlılık, pençe ve inanç. Seçimini yap. İyiyi seçerseniz, tüm nedenleriyle yardımınıza söz veriyorum. Babamdan hayallerini isteyeceğim ve beni dinleyecek çünkü Tanrı'ya inananlar için her şey mümkün.

Size güvenlik ve özgürlük veren sağlamlaştırılmış değerler yetiştirin. Özgür iradeniz, ihtişamınız ve refahınız için kullanılmalıdır. İyilerin elçisi olmayı seçin. Ancak karanlığın yolunda yürürseniz, size yardım edemem. Üzgün olacağım, ama vereceğiniz kararlara saygı duyacağım. Tamamen özgürsünüz.

Çamur denizinin önünde iyi suyu süzmek mümkün ve ben de bunu yapmak istiyorum. Geçmiş artık önemli değil. Seni geleceğin adamı yapacağım: Mutlu, sessiz ve tatmin olmuş. Baba Tanrı'nın önünde sonsuza kadar mutlu olacağız.

İyilik var olduğu sürece dünya kalacak

Dünyadaki yaşamın sonu hakkındaki astronomik tahminler için endişelenmeyin. İşte benden daha büyük biri. Dünyada iyilik olduğu müddetçe hayat devam edecek, bu yüzden arzuluyorum. Zaman ilerledikçe, kötülük yeryüzüne yayılır ve tarlalarımı kirletir. Her şeyin tamamlanacağı ve iyi ile kötü arasındaki ayrımın yapılacağı bir zaman gelecek. Krallığım, sadıkların başarısına izin verecek şekilde üzerinize gelecek. Rabbin bu gününde borçlar ve armağanların dağıtımı ödenecek.

Benim krallığım, adaletin, babanın egemenliğinin ve ortak mutluluğun hüküm süreceği bir zevk krallığıdır. Büyük ve küçük herkes onun ihtişamına boyun eğecek. Âmin.

Dürüstler sarsılmayacak

Fırtınaların ve depremlerin ortasında, ben olma. Önünüzde, sizi ayakta tutacak güçlü bir Tanrı var. Özgünlüğü, şerefi, sadakati, cömertliği ve nezaketi onu kurtardı. Onların kardeşçe davranışları onları büyüklerin önüne çıkaracak ve sizler bilge sayılacaksınız. Hayatta, haklı çıkacak ve yükselecek kadar gösterdin. Canlı!
İstisna olun

Bakın, ben dürüstüm, doğrulukla yürüyorum, adaleti uyguluyorum, doğruyu söylüyorum, iftira etmiyorum ve başkalarına zarar vermiyorum. Gücün, prestijin, etkinin ve dışarının en önemli olduğu bir dünyada istisnayım. Bu nedenle, size yalvarıyorum efendim, beni kanatlarınızla ve kalkanınızla tüm düşmanlarımdan koruyun. Özgünlüğüm meyve versin ve hak ederek beni büyükler arasına koyun.

Doğruluğu ve hukuku küçümseyenler ne sizi ne de emirlerinizi bilirler. Bunlar ahırınızdan alınıp daha sonra atılacak. Günahlarını durmadan gece gündüz ödeyecekleri ateş ve kükürt gölünde. Kulağı olan ve dinleyen herkes.

Benim kalem

Gücüm inancımdır ve işlerim iyiliğime tanıklık eder. Başkalarına kendi özgür irademle yardım etmeye doyamıyorum. Karşılığında hiçbir şey alamıyorum, ödülüm cennetten gelecek. Rabbin gününde, kollarınızda toplandığım zaman, çabalarımın buna değdiğine dair kanıtım olacak.

Benim Tanrım imkansızın Tanrısıdır ve onun adı Rabdir. Hayatımda sayısız harikalar yarattı ve bana bir oğul gibi davranıyor. Adın kutsanmış. Ayrıca bu iyilik zincirinde bize katılın: Acı çekenlere ve hastalara yardım edin, muhtaçlara yardım edin, cahillere talimat verin, geri ödeyemeyenlere iyi öğütler verin, sonra ödülünüz büyük olacaktır. Onun meskeni, benden ve babamdan önce cennetin krallığında olacak ve sonra gerçek mutluluğu tadacaksınız.

Değerler

Emirlerde ve ilahi kanunlarda önerilen değerleri geliştirin. Özgünlüğünüzü ve uygunluğunuzu oluşturun. Yeryüzündeki güzelliğin havarisi olmaya değer, sizi mutlu edecek harika hediyeler ve lütuflar alacaksınız. Çabalarınızda iyi şanslar ve başarılar, tüm kalbimle arzuladığım şeydir.

İç Huzuru Arayış

Yaratıcı Tanrı

Evren ve içerdiği her şey Kutsal Ruh'un eseridir. Bu ihtişamlı varlığın temel özellikleri şunlardır: Sevgi, sadakat, cömertlik, güç, güç, egemenlik, merhamet ve adalet. İyi şeyler, mükemmelliğe ulaştıklarında ışık tarafından özümsenir ve kötü şeyler karanlık tarafından emilir ve sonraki reenkarnasyonlarda daha düşük derecelere indirgenir. Cennet ve cehennem belirli yerleri değil, sadece zihni belirtir.

Gerçek aşk

Çok yüce ve güçlü bir Tanrı olmasına rağmen RAB, her bir çocuğuna şahsen veya hizmetçileri aracılığıyla bakar. Ne pahasına olursa olsun mutluluğumuzu arar. Bir anne ya da baba gibi, insanlara karşı anlaşılmaz bir sevgiyi açığa vurarak bizi destekler ve zor zamanlarda bize yardım eder. Gerçekte, yeryüzünde, erkeklerde bu tür saf ve ilgisiz sevgiyi bulamayız.

Kendinizi günahkâr ve sınırlı olarak tanıyın

Kibir, gurur, kendine güven, yanılsama ve kendine güven, insanlığın kötü düşmanlarıdır. Konta mine olduklarında, sadece basit bir toz kütlesi olduklarını anlarlar. Bakın ve karşılaştırın: Güneşleri, kara delikleri, gezegenleri, galaksileri ve diğer yıldızları yaratan ben, sizler kadar bununla övünmüyorum. Gücüme teslim olun ve yeni tavırlar alın.

Modern dünyanın etkisi

Bugün dünya, insan ve yaratıcı arasında aşılmaz engeller yaratıyor. Teknoloji, bilgi, fırsatlar ve zorluklarla çevrili yaşıyoruz. Böylesine rekabetçi bir dünyada insan, müdürü, sizinle olan ilişkisini unutur. Durmaksızın Tanrı'yı arayan ve onun iradesine göre hedefleri olan eski öğretmenler gibi olmalıyız. Ancak bu şekilde başarı size gelecek.

Baba ile nasıl bütünleşirim

Ben Tanrı'nın var olduğuna dair yaşam kanıtıyım. Yaratıcı beni küçük bir mağara hayalperestinden uluslararası tanınmış bir adama dönüştürdü. Bütün bunlar mümkün oldu çünkü babamla bütünleştim. Bu nasıl mümkün oldu? Bireyselliğimden vazgeçtim ve ilişkilerimde ışık güçlerinin tamamen hareket etmesine izin verdim. Benim yaptığım gibi yapın ve İsrail oğullarına vaat edilen cennet süt ve balın aktığı zevk krallığımıza girin.

İletişimin önemi

Dini yükümlülüklerinizi unutmayın. Ne zaman yapabiliyorsanız veya günde en az bir kez, sizin ve dünya için hararetle dua edin. Aynı zamanda ruhunuz da lütuflarla dolu olacak. Sadece ısrarcı olanlar mucizeye ulaşabilir.

Şeylerin karşılıklı bağımlılığı ve bilgeliği

Evrene bakın, bütünün işleyişi için küçük de olsa her şeyin bir nedeni ve işlevi olduğunu göreceksiniz. Bizim için savaşmaya istekli bir lejyonun olması da iyidir. İçinizdeki Tanrıyı hissedin.

Kimseyi suçlama

Seçimlerinizin sonucu için kaderi veya Tanrı'yı suçlamayın. Aksine, onlar üzerinde düşünün ve aynı hataları yapmamaya çalışın. Her deneyim, asimile edilecek bir öğrenme görevi görmelidir.

Bir bütünün parçası olmak

Dünyadaki işinizi küçümsemeyin. Sizin ve diğerlerinin gelişimi için de aynı derecede önemli olsun. Büyük yaşam tiyatrosunun bir parçası olduğunuz için kutsanmış hissedin.

Şikâyet etme

Sorununuz ne kadar önemli olursa olsun, hayat sizinkinden daha kötü durumda olan insanlar olduğunu göstermeye çalışır. Acımızın çoğunun, idealize edilmiş bir sağlık ve esenlik standardı tarafından psikolojik olarak empoze edildiği ortaya çıktı. Zayıf, ahlaksız ve safız. Ama çoğu insan senin ebedi bir süper kahraman olduğunu düşünüyor.

Başka bir açıdan bakın

Sıkıntı anında sakinleşmeye çalışın. Duruma başka bir bakış açısıyla dikkat edin, o zaman başlangıçta kötü gibi görünen şeyin kesinlikle olumlu yanları olacaktır. Zihinsel olarak konsantre olun ve hayatınız için yeni bir yön bulmaya çalışın.

Bir gerçek

Endişelerimizde o kadar boğuluyoruz ki cennetten aldığımız küçük hediyeleri, mucizeleri ve rutin lütufları bile fark etmiyoruz. Bundan mutlu olun. Biraz çabayla, daha da çok kutsanacaksın çünkü babam sana en iyisini diliyor.

Diğerini düşün

Düşünceleriniz kardeşiniz için yüksek endişe duyduğunda, cennet ziyafetleri. Cömertçe hareket eden ruhumuz hafif ve daha yüksek uçuşlara hazır. Daima bu egzersizi yapın.

Sorunları unutun

Yaratıcılık, okuma, zihinsel eştirme, meditasyon, hayır işleri ve konuşma yapın, böylece problemler ruhunuzu etkilemez. Kişisel sorunlarınızla ilgisi olmayan başkalarına taşıdığınız ağır yükü boşaltmayın. Güler yüzlü davranarak gününüzü daha özgür ve daha verimli hale getirin.

Süreçler olarak doğum ve ölümle yüzleşin

Doğmak ve ölmek, huzurla bakılması gereken doğal olaylardır. En büyük endişe, tutumumuzu öncelikle başkaları için faydalara dönüştürmek için hayatta olduğumuz zamandır. Ölüm, çabalarımıza eşdeğer ödüllerle bizi daha yüksek bir varoluşa götüren bir pasajdır.

Ölümsüzlük

İnsan, eserleri ve değerleri aracılığıyla ebedi hale gelir. Gelecek nesillere bırakacağı miras budur. Ağaçların meyveleri ruhtan daha kötü ise, Yaradan'ın koparılıp dış karanlığa atılmasında hiçbir değeri yoktur.

Sağlam bir duruş sergileyin

Orada öyle durmayın. Yeni kültürler hakkında bilgi edinin ve yeni insanlarla tanışın. Kültürel bagajınız daha büyük olacak ve dolayısıyla sonuçlar daha iyi olacaktır. Siz de bilge bir adam olun.

Tanrı ruhtur

Aşk görülemez, hissedersiniz. Rab ile de öyle, onu göremiyoruz, ama her gün kalbimizde kardeşçe sevgisini hissediyoruz. Senin için yaptığı her şey için her gün teşekkür et.

Bir inanç vizyonu

İnanç, günlük hayatımızda inşa edilecek bir şeydir. Onu olumlu düşüncelerle ve amacına yönelik kararlı tavırlarla besleyin. Bu olası uzun yolculukta her adım önemlidir.

Emirlerime uyun

Başarının ve mutluluğun sırrı emirlerime uymaktır. Eğer söylediklerimi takip etmezsen beni sevdiğini sözlerle ifade etmenin bir anlamı yok. Gerçekten beni sevenler, kanunuma uyanlardır ve bunun tersi de geçerlidir.

Ölü inanç

Çalışmayan her inanç gerçekten ölüdür. Bazıları cehennemin iyi niyetlerle dolu olduğunu ve bunda büyük bir gerçek olduğunu söylüyor. İstekli olmanın bir faydası yok, ama beni sevdiğini kanıtlamalısın.

Başka bir vizyon var

Her acı ya da yenilgi tamamen kötü değildir. Yaşadığımız her olumsuz deneyim, sürekli, güçlü ve kalıcı öğrenmeyi hayatımıza getirir. Şeylerin olumlu yanlarını görmeyi öğrenin ve daha mutlu olacaksınız.

Zayıflıktan güç gelir

Hassas bir mali durumda ne yapılmalı

Dünya çok dinamik. Büyük refah dönemlerinin, büyük mali zorluk dönemlerine borçlu olması yaygındır. Çoğu insan iyi vakit geçirdiklerinde savaşmaya devam etmeyi ve dini kısmı unutur. Sadece kendilerine güveniyorlar. Bu hata, onları kaçmanın zor olacağı karanlık bir uçuruma götürebilir. Şu anda önemli olan durumu soğukkanlılıkla analiz etmek, çözümleri belirlemek ve Tanrı'ya büyük bir imanla savaşmaktır.

Dini bir destekle engelleri aşabilecek ve iyileşmenin yollarını bulabileceksiniz. Başarısız geçmişiniz için kendinizi çok fazla suçlamayın. Önemli olan, hayatınızı babama verirken yüreğinizde büyüyecek olan cesaret ve inançla müttefik olarak oluşturulmuş yeni bir zihniyetle ilerlemektir. İnanın bana, tüm sorunlarınızın tek kurtuluşu o olacak.

Bakın, adama her zaman iyilik yolunda yürüdüğü müddetçe her şeyin kendisine verileceği söylendi. Bu nedenle, kutsal kitapların emirlerini ve Azizlerin tavsiyelerini yerine getirmeye çalışın. Onları küçümsemekle gurur duymayın, çünkü yaşam örneğiyle enkazın ortasında Tanrı'yı tanıyabilirler. Bir düşünün ve iyi şanslar.

Aile problemleriyle yüzleşmek

Doğduğumuzdan beri, aile olan ilk insan topluluğuna entegre olduk. İlişkilerimizdeki değerlerimizin ve referansımızın temelidir. Her kim iyi baba, koca veya oğulsa, aynı zamanda görevlerini yerine getiren büyük bir vatandaş olacaktır. Herhangi bir grup gibi, anlaşmazlıklar kaçınılmazdır.

Sizden sürtünmeden kaçınmanızı istemiyorum, bu neredeyse imkânsız. Birbirinize saygı duymanızı, birbirinizle iş birliği yapmanızı ve birbirinizi sevmenizi rica ediyorum. Birleşmiş aile asla bitmez ve birlikte büyük şeyler fethedebilir.

Ayrıca cennette pekiştirilmiş ruhani bir aile de vardır: Rabbin Krallığı, İsa ve İlahi. Bu krallık adaleti, özgürlüğü, anlayışı, hoşgörüyü, kardeşliği, dostluğu ve her şeyden önce sevgiyi vaaz eder. Bu manevi boyutta acı, ağlama, ıstırap ya da ölüm yoktur. Her şey geride bırakıldı ve seçilen sadık yeni bir beden ve yeni bir özle giydirildi. Yazıldığı gibi, "doğrular, babalarının krallığında güneş gibi parlayacaklar."

Bir hastalığın ve hatta ölümün üstesinden gelmek

Fiziksel hastalık, vücudumuzda bir şeyler iyi gitmediğinde ortaya çıkan doğal bir süreçtir. Hastalık şiddetli değilse ve üstesinden gelinirse, alçakgönüllülüğü ve sadeliği pekiştiren ruhun doğal temizliği rolünü oynar. Hastalıktan acı çekmek, küçüklüğümüzün bir döneminde olduğumuz ve aynı zamanda her şeyi yapabilen Tanrı'nın büyüklüğü ile dolup taştığımızdır.

Ölümcül hastalık durumunda, başka bir plana kesin pasaporttur ve yerdeki davranışımıza göre belirli planda tahsis ediliriz. Olasılıklar şunlardır: Cehennem, belirsizlik, cennet, insan şehri ve Araf. Her biri evrimsel çizgisine göre onlardan biri için tasarlanmıştır. Bu noktada, tam olarak hak ettiğimizi alırız ne daha fazla ne daha az.

Yeryüzünde kalanlar için, ailesinin kalıntıları ve yaşamı özlemi onu takip eder. Dünya hiç kimse için durak değil, kesinlikle hiç kimse yeri doldurulamaz. Ancak iyi işler kalır ve bizlere tanıklık eder. Ebedi olan Tanrı'nın gücü dışında her şey geçecek.

Kendinle tanışmak

Mutluluğum nerede Yeryüzünde iyi kalmak için ne yapmalı? Çoğu insanın sorduğu şey bu. Çok fazla ticari sır yoktur, ancak kazanan insanlar genellikle zamanlarını başkalarının ve insanlığın iyiliğine adayan kişilerdir. Başkalarına hizmet ederek kendilerini eksiksiz hissederler ve sevmeye, ilişki kurmaya ve kazanmaya daha istekli olurlar.

Eğitim, sabır, hoşgörü ve Tanrı korkusu, nadir ve takdire şayan bir kişilik oluşturmanın temel unsurlarıdır. Böyle yaparak insan Tanrı'yı bulabilecek ve hayatı için tam olarak ne istediğini bilecektir. Doğru yolda olduğunuzu bile düşünebilirsiniz, ancak bu nitelikler olmadan sadece sahte olacaksınız. Sadece kendilerini gerçekten bırakan ve birbirlerinin tarafını anlayan insanları seviyorsunuz. Benden saf olduğumu, tanrı-tanrılarımın farkında olduğumu, projelerime adanmış Tanrı'nın bakımını yaptığımı, anlayışlı, hayırsever ve sevgi dolu olduğumu öğrenin. Babam için özel olacak ve dünya korunacak. Unutmayın: Hayır, hayatınızdaki uçurum veya karanlıktan daha büyük olana, zayıflıktan güç gelir.

Sophia

Adalet

Adalet ve adaletsizlik birbirlerinin eşiğidir ve çok görecelidirler. Onu iki kola ayıralım: Tanrı'nın krallığı ve insan krallıklarınınki. Tanrı'yı ilişkilendirir, adalet, benim görüşüme göre toplam otuz kişi olmak üzere, Rabbin emirleriyle gösterilen egemenliği ile yakından bağlantılıdır. Bu pratik bir meseledir: Ya Tanrı'nın krallığının normlarını takip edersiniz ya da etmezsiniz ve bu hedeflerin büyüklüğünü görmeyi reddedenler için kaybedilmiş bir ruhun ağıt kalır. Bununla birlikte, yaşamın bir noktasında yeniden yükselmeyi başaran asi ruhlar, kutsal babası Rabbin merhametine sıkı sıkıya inanabilirler. Tanrı baba, sonsuz görevlere sahip bir varlıktır.

İnsan adaletinin her ulusta kuralları vardır. Zamanla erkekler, bu her zaman gerçekleşmese de yeryüzünde barışı ve hakkı sağlamak için çabalarlar. Bunun nedeni güncelliğini yitirmiş mevzuat, yolsuzluk, küçüklere karşı önyargı ve insani başarısızlıktır. Tanrı'ya yalvarışını yaptığını hissettiğim gibi haksızlığa uğramış hissediyorsan. Acıyı anlayacak ve doğru zamanda zaferini sağlayacak.

Her bakımdan adaletsizlik, eski ve çağdaş insanlığın kötülüğüdür. Doğru kişinin haklı olarak size ait olana sahip olması için savaşılması gerekir. Olamayacak olan, adaleti sağlamaya çalışmaktır? Bir kimseyi yargılamanın ve mahkûm etmenin Tanrı olmadığını unutmayın.

"Seni çağırdığımda, bana cevap ver, Doğruluğumun Tanrısı". (SM 4.2)

Doğru zamanda sığınak

Biz ruhani varlıklarız. Cennetteki varlığımızın bir noktasında, döllenme anında bir insan vücudunda seçilir ve en karne oluruz. Amaç, diğer insanlarla birlikte evrimleşerek misyonu yerine getirmektir. Bazıları daha büyük, bazıları daha küçük görevlere sahip, ancak hepsi gezegenin vazgeçemeyeceği bir işleve sahip.

İlk temasımız bir aile içindedir ve genellikle bu insanlarla daha uzun yaşar ve hayatımız boyunca yaşarız. Aile bağıyla evlenen çocuklar bile yok olmuyor.

Sosyal iletişim sayesinde, diğer farklı görüşlerimizi görebiliriz. İşte tehlike tam olarak burada yatıyor. Bugünlerde, kötü tarafı arayan devasa bir genç neslimiz var. Ebeveynlerine saygı duymayan, ilaca tapan ve onu çaldırmak ve hatta öldürmek için genç ve yetişkinler. Sözde güvenilir insanlar bile bizi kötülük yapmamız için etkilemeye çalıştıklarında bir tehlikeyi gizleyebilirler. Diğer tarafı da var: Yalancılık, şiddet, zorbalık, önyargı, yalan, sadakatsizlik bombardımanı altında birçok insan insanlığa inanmıyor ve yeni arkadaşlıklara yakın. Güvenilir insanlar bulmanın gerçekten zor olduğunu düşünmek faydalı olabilir, ancak bunlardan biriyseniz, onları hayatınızın geri kalanında göğsünüzün sağında ve solunda tutun.

Bunu açığa çıkardığınızda, bir talihsizliğe düştüğünüzde, gerçek arkadaşlarınıza veya yakın ailenize dönün ve hala desteği bulamazsanız, doğru zamanda sığınak olan Tanrı'yı arayın. Durumu sarsıntılı olduğu için artık onu terk etmeyecek tek kişi o. Acınızı ve imanınızı imkansızların Tanrısına daha iyi günlerde verin, tövbe etmeyeceksiniz.

"Acı içinde beni teselli ettin. Bana merhamet et ve duayı dinle. (Mezmur 4.2)

Tanrı'nın yoluna karşı dünyanın baştan çıkarıcılığı

Dünya, Tanrı'nın çocuklarının ve şeytanın davaları için çalıştıkları büyük bir alandır. Evrim açısından geride kalan her dünyada olduğu gibi, insanların birlikte toplumu oluşturan gruplara ayırdığı kanlı bir ikilik yaşıyoruz.

Çoğu insanın iyi niyetleri olduğunu söylesek de gördüğünüz şey bir sağduyu sanallaştırmasıdır. Çoğu, dünyadaki şeyleri Tanrı'nın şeylerine tercih eder. İnsanlar güç ve para arzular, prestij için rekabet eder, asi partilerde batarlar, dışlama ve itaatsizlik yaparlar, dedikodu yaparlar ve ötekine iftiralar atarlar, dolandırıcılık, ihbar ve başkalarını devretme yoluyla hiyerarşinin ölçeğini tırmanmayı tercih ederler. Rabbin temsilcisi olarak, bu insanların Tanrı olmadığından hiç şüphem yok. Onlar cehennemde uçurumun larvalarında acımasızca yakılacak olan şeytan katranlarının kızlarıdır. Bu bir yargılama değil, bitki-hasat ilişkisindeki gerçektir.

Değerleriniz varsa ve iyilik güçlerine inancınız varsa, sizi babanızın krallığının bir parçası olmaya davet ediyorum. Dünyayı terk ederek, sonunda Tanrımızın büyüklüğünü ve iyiliğini göreceksiniz. Seni olduğun gibi kabul eden ve seni anlayışının ulaştığından daha çok sevgiyle seven bir baba. Seçimini yap. Burada her şey uçup gidiyor ve yanımızda kelimenin gerçekten ne anlama geldiğini deneyimleyebilirsiniz "Tam mutluluk".

"Ey insanlar, ne kadar kalbi sertleşecek, kibirlenecek ve yalanı arayacaksınız? (Mezmur 4: 3).

Tanrı'm tanımak

Tanrı, oradaki en harika varlıktır. Tecrübelerime dayanarak, her zaman iyiliğimizi isteyen bu sevgi dolu babanın yüzünü tanıdım. Öyleyse neden ona bir şans vermiyorsun? Güçlü bir elin hayatınızı değiştirebilmesi için ona haçlarınızı ve umutlarınızı verin. Artık eskisi gibi olmayacağını garanti ederim. İçtenlikle bu birkaç kelimeyi yansıtacağınızı ve hayatınızda kesin bir karar vereceğinizi umuyorum. Ayrıca seni bekliyor olacağım. İyi şanslar. Seni seviyorum kardeşlerim!

Doğrular ve Tanrı ile ilişki

Tanrı ile ilişki

Ruhani babanıza hayatı boyunca bahşettiği tüm lütuflar için daima teşekkür edin. Rabbin ona hayat verdiği için minnettar ve mutlu hissetmek bir zorunluluktur. Onun adı kutsaldır ve dünyanın her yerinde ihtişamla kaplıdır. Sıkıntı durumunda veya ona başvurma ihtiyacı duyduğunuzda, elbette ki sorununuza kesin bir çözüm göstermenin yollarını açacaktır.

Sorunlardan bahsetmişken, çoğunun nedeni düşmanlarının eylemidir. Babama güvenle hitap et, kötülük isteyen herkes tökezlesin. Babanın her zaman yanınızda olacağını bilin, ona daha çok güvenin. Doğrular her zaman baba tarafından dinlenir. Ancak, hoşlanmadıklarınızla ilgili bir yaklaşım denemelisiniz. Düşmanınızı yakın ve sadık bir arkadaş yapın veya en azından dostça bir ilişki kurun. Bir entrika ruhu karanlıkta tutar, ilahi eylemden uzak tutar ve yokluktan şikâyet etmenin faydası yoktur, siz onu kin ve başkalarına karşı küçümsemenizden uzak tuttunuz. Bunu düşün.

Evet, Tanrı sizi sevecek ve başkalarına yaptığınız iyilik ölçüsünde beklentilerinizi karşılayacaktır. Tamamen vazgeçerseniz, meydana gelen her iç ve dış savaşta halkını sizin için savaştıracağından emin olun. O, iyiliği için denizi açabilecek ya da ulusları yok edebilecek, çünkü ona güvenerek döndünüz.

O, ihtişamını söyleyebilsin ve ruhu dehşet içinde seçilmiş ruhlara İsa'yla dizginlemek için katılır. Tanrı'nın krallığı yavaş yavaş inşa ediliyor ve üyelerinin çoğu fakir ve alçakgönüllüler. Bu manevi boyutta üyeleri arasında sadece barış, mutluluk, inanç, eşitlik, iş birliği, kardeşlik ve sınırsız sevgi vardır. Karanlığın yolunu izlemek için yola çıkanlar artık günahlarının ciddiyeti nedeniyle gece gündüz işkence görecekleri ateş ve kükürt gölüdür.

Buna ilahi adalet denir. Adalet herkesin hak ettiğini haklı olarak verir ve bunu ezilenlerin, azınlıkların, acı çeken yoksulların, dünyadaki muhafazakâr seçkinlere boyun eğen tüm küçüklerin onuruna yapar. Adalete ek olarak, ilahi merhamet bulunur ve herhangi bir akıl için aşılmaz. Bu nedenle, çocuklarını kabul etmek için her zaman açık kolları olan Tanrı'dır.

Ne yapmalısın

İlahi babayla hayatımın en zor anında, öldüğüm ve umutlarımın tükendiği bir anda tanıştım. Bana değerlerini öğretti ve beni tamamen iyileştirilmiş etti. Aynısını sana da yapabilir. Yapmanız gereken tek şey, onun hayatındaki görkemli isminin eylemini kabul etmek.

Bazı temel değerleri takip ediyorum: Önce sevgi, anlayış, saygı, denklik, iş birliği, hoşgörü, dayanışma, tevazu, tarafsızlık, özgürlük ve misyona bağlılık. Kendi hayatınızla ilgilenmeye çalışın ve diğerine iftira atmayın çünkü RAB kalplerini yargılar. Biri sizi incitirse, yeniden düşünmeyin, diğer yanağınızı çevirin ve kininizin üstesinden gelin. Herkes bir şansı daha özlüyor ve hak ediyor.

Zihninizi iş ve boş zaman etkinlikleri ile meşgul etmeye çalışın. Tembellik, sizi nihai yıkıma götürebilecek tehlikeli bir düşmandır. Her zaman yapacak bir şeyler vardır.

Ayrıca manevi yönünüzü güçlendirmeye çalışın, kilisenizi sık sık sık sık ziyaret edin ve manevi rehberinizden öğütler alın. Alınacak bir karar konusunda kendimizi şüphe içinde bulduğumuzda ikinci bir görüşe sahip olmak her zaman iyidir. Tedbirli olun ve hatalarınızdan ve başarılarınızdan ders alın.

Her şeyden önce, her durumda kendiniz olun. Kimse Tanrı'yı aldatmaz. Sadelikle hareket edin ve Tanrı'nın size daha da büyük konumları emanet edeceğine her zaman sadık olun. Cennetteki büyüklükleri kulluklarında ölçülecek, yeryüzünün en küçüğü büyük ışığa yakın özel yerlerle süslenecek.

Sana tüm umudumu veriyorum

Tanrı, çabalarımı gece gündüz izleyen sizler, haçlarımı taşımaya devam etmeniz için sizden rehberlik, koruma ve cesaret istiyorum. Sözlerimi ve eylemlerimi kutsayın ki her zaman iyi olsunlar, bedenimi, ruhumu ve zihnimi güzelleştirsinler. Rüyalarım denizde gerçekleşmesin. Sağa ya da sola dönmeme izin verme. Öldüğün zaman, bana seçilmişlerle yaşamanın zarafetini ver. Âmin.

Dostluk

Kötü zamanlarda yanınızda olan gerçek arkadaştır. Seni ruhu ve hayatıyla savunan odur. Kanmayın. Bol zamanlarında, etrafınız her zaman çok çeşitli ilgi alanlarına sahip insanlarla çevrili olacaksınız. Ancak karanlık zamanlarda sadece gerçek olanlar kalır. Çoğunlukla aileniz. Çok şey ifade eden ve iyiliğini isteyenler gerçek dostlarıdır. Diğer insanlar her zaman avantajlardan dolayı yakınlaşır.

"Benimle sadece ot yersen bal ekmeği yiyeceksin." Bu gerçek ifade, kime gerçek değer vermemiz gerektiğini özetliyor. Geçen zenginlik birçok ilgiyi çeker ve insanlar dönüşür. Bir şeyler üzerinde nasıl düşüneceğinizi bilin. Kim seninle yoksullaşmıştı? Güven oyunuzu gerçekten hak eden bu insanlar. Canınızı yakan yanlış tutkulara kanmayın. Durumu analiz edin. Fakir bir dilenci olsaydın, bu da senin için aynı duyguya sahip olur muydu? Bunun üzerine meditasyon yapın ve cevabınızı bulacaksınız.

Seni herkesin önünde inkâr eden, sevgisine layık değildir. Toplumdan korkan kimse mutlu olmaya hazır değildir. Cinsel yönelimleri nedeniyle reddedilmekten korkan birçok insan, eşlerini toplum içinde reddediyor. Bu, ciddi psikolojik bozukluklara ve kalıcı duygusal acıya neden olur. Seçimlerinizi yeniden düşünme zamanı. Seni kim gerçekten seviyor? Seni herkesin önünde redden bu kişinin aralarında olmadığına eminim. Cesaret alın ve hayatınızın gidişatını değiştirin. Geçmişi geride bırakın, iyi bir plan yapın ve yolunuza devam edin. Diğeri için acı çekmeyi bıraktığınız ve hayatınızın dizginlerini aldığınız an, yolunuz daha hafif ve daha kolay olacaktır. Korkmayın ve radikal bir tavır takın. Sadece bu seni özgür kılabilir.

Bağışlama

İç huzuru sağlamak için affetmek son derece gereklidir. Ama affetmek ne demektir? Affetmek unutmak değildir. Affetmek, size üzüntü getiren bir duruma son vermektir. Olanların anılarını silmek imkânsız. Bunu hayatınızın geri kalanında yanınızda götüreceksiniz. Ama geçmişte sıkışıp kalırsanız, şimdiki zamanda asla yaşamayacaksınız ve mutlu olmayacaksınız. Başkalarının huzurunuzu almasına izin vermeyin. İlerlediğim ve yeni deneyimler yaşadığım için beni affet. Bağışlama sonunda sizi özgür kılacak ve yeni bir yaşam vizyonuna sahip olmaya hazır olacaksınız. Size acı çektiren adam hayatınızı mahvedemez. Size güzel zamanlar sağlayabilecek başka iyi adamlar olduğunu düşünün. Olumlu bir tavır takın. İnandığın zaman her şey daha iyi olabilir. Olumlu titreşimlerimiz hayatımızı zafer kazanabileceğimiz şekilde etkiler. Olumsuz ya da önemsiz tutumlara sahip olmayın. Bu, yıkıcı sonuçlara yol açabilir. Ruhunuzda dolaşan tüm kötülüklerden kurtulun ve yalnızca iyiyi filtreleyin. Size iyi şeyler katan şeyleri saklayın. İnan bana, bu tavırdan sonra hayatın daha iyi olacak.

Açıkça sevmediğinle konuş. Beklentilerinizi netleştirin. Affettiğinizi ama ikinci bir şans vermeyeceğinizi açıklayın. Sevgi dolu bir geçmişi yeniden yaşamak, her ikisi için de oldukça yıkıcı olabilir. En iyi seçim, yeni bir yön almak ve mutlu olmaya çalışmaktır. Hepimiz mutluluğu hak ediyoruz ama herkes buna inanmıyor. Tanrı'nın zamanını nasıl bekleyeceğinizi bilin. Sahip olduğunuz iyi şeyler için minnettar olun. Hayallerinizi ve mutluluğunuzu aramaya devam edin. Her şey doğru zamanda gerçekleşir. Yaratıcının bizim için planları mükemmel ve nasıl anlayacağımızı bile bilmiyoruz. Hayatınızı tamamen Tanrı'nın tasarımlarına verin ve her şey yoluna girecek. Misyonunuzu neşeyle kucaklayın ve yaşamaktan zevk alacaksınız. Bağışlama duygusu hayatınızı hiç düşünmediğiniz bir şekilde değiştirecek ve bu kötü olay sadece modası geçmiş bir engel olacaktır. Sevgiyle öğrenmezsen, acı içinde öğrenirsin. Bu, o duruma uygulanabilir bir sözdür.

Kendi yolunu bulmak

Her insanın kendine özgü ve benzersiz bir yörüngesi vardır. Herhangi bir parametreyi takip etmenin bir anlamı yok. Önemli olan olasılıkları araştırmaktır. Yeterli bilgiye sahip olmak, profesyonel veya sevgi dolu bir karar vermek için çok önemlidir. Finansal faktörün dikkate alınması gerektiğine inanıyorum, ancak kararınızda önemli olmamalı. Çoğunlukla bizi mutlu eden şey para değildir. Belli bir alanın durumları ve hisleridir. Hediyenizi keşfedin, geleceğiniz üzerine düşünün ve karar verin. Seçimlerinizden memnun olun. Birçoğu kaderimizi değiştiriyor. Bu yüzden, seçimlerden önce iyi düşünün.

Doğru seçimi yaptığımızda, hayatımızdaki her şey mükemmel bir şekilde akar. Doğru seçimler bizi somut ve kalıcı sonuçlara götürür. Ancak kararınızda bir hata yaparsanız, planlarınızı değiştirin ve bir dahaki sefere doğru yapmaya çalışın. Kaybettiğiniz zamanı telafi etmeyeceksiniz, ancak hayat size başarı için yeni bir şans verdi. Hayatın bize verdiği her şansı almaya hakkımız var. İhtiyacımız olduğu kadar denemeye hakkımız var. Hayatında kim hiç hata yapmadı? Ama daima başkalarının duygularına saygı duyun. Başkalarının kararlarına saygı gösterin. Başarısızlığını kabul et. Bu, kapasitenizi azaltmaz. Yeni başlangıcınızı kucaklayın ve bir daha günah işlemeyin. İsa'nın ne dediğini hatırlıyor musun? Hatta affedebiliriz ama utanmalı ve tavrınızı değiştirmelisiniz. Ancak o zaman tekrar mutlu olmaya hazır olursunuz. Niteliklerinize inanın. İyi etik değerlere sahip olun ve kendinizi kimseye aşağılamayın. Yeni bir hikâye oluşturun.

İş yerinde nasıl yaşanır

İş bizim ikinci evimiz, mutluluğumuzun uzantısı. Uyum, dostluk ve suç ortaklığı yeri olmalı. Ancak, bu her zaman mümkün olmuyor. Bu neden oluyor? Neden işte mutlu değilim? Neden zulüm görüyorum? Neden bu kadar çok çalışıyorum ve hala fakirim? Bunlar ve diğer birçok konu burada tartışılabilir.

Farklı insanlarla yaşadığımız için çalışmak her zaman uyumlu değildir. Her insan bir dünyadır, kendi sorunları vardır ve etrafındaki herkesi etkiler. Kavgaların ve anlaşmazlıkların olduğu yer burasıdır. Bu acıya, hüsrana ve öfkeye neden olur. Her zaman mükemmel bir iş yeri hayal edersiniz, ancak hayal kırıklığı söz konusu olduğunda size rahatsızlık verir. Sonuç olarak mutsuzduk. Çoğu zaman, işi onun tek mali destek noktasıdır. Sık sık istesek de istifa etme seçeneğimiz yok. İptal edersiniz ve isyan edersiniz. Ancak zorunluluk dışında işte kalıyor.

Neden patronlar ve iş arkadaşları tarafından kovalanıyoruz? Bunun birçok nedeni var: Kıskançlık, önyargı, otoriterlik, umutsuzluk. Bizi sonsuza dek işaretler. Bu, aşağılık ve hayal kırıklığı hissi yaratır. Doğru olan dünyaya çığlık atmak istediğinizde barışı korumak zorunda olmak korkunç. Mükemmel bir iş çıkarıyorsun ve tanınmıyorsun. İltifat almazsınız ama patronunuz sizi eleştirmeye özen gösterir. Dahası, bin kez vurursunuz, ancak bir kez hata yaparsanız, beceriksiz olarak adlandırılırsınız. Sorunun sende olmadığını bilmeme rağmen, zihninde tutarlı bir travma yaratıyor. Bir çalışma nesnesi olursunuz.

Neden bu kadar çok çalışıyorum ve ben fakirim? Bu bir yansıma olmalı. Yoksulların zenginlere servet yaratmak için sömürüldüğü vahşi bir ekonomik sistem olan kapitalizmde yaşıyoruz. Bu, ekonominin tüm sektörlerinde olur. Ancak istihdam edilmek bir seçenek olabilir. Neredeyse tüm sektörlerde az parayla üstlenebiliyoruz. İşimizi yaratabilir ve kendimizin patronu olabiliriz. Bu bize inanılmaz bir özgüven getiriyor. Ancak planlama olmadan hiçbir şey yapılamaz. Hangisinin en iyi yol olduğuna karar verebilmemiz için olumlu ve olumsuz yanlarını değerlendirmeliyiz. Her zaman bir geçmişe sahip olmamız gerekir, ancak her şeyden önce mutlu olmamız gerekir. Dahası, sağlam olmalı ve tarihimizin kahramanları olmalıyız. İhtiyaçlarımızın "buluşma noktasını" bulmalıyız. Unutmayın, sizin için neyin en iyi olduğunu bilen tek kişi sizsiniz.

İş yerinde sert insanlarla yaşamak

Çoğunlukla işte en kötü düşmanın olduğunu görürsün. Seni kovalayan ve seni incitecek şeyler icat eden o sıkıcı kişi. Diğerleri, görünürde bir sebep yokken senden hoşlanmıyor. Bu çok acı verici. Düşmanlarla yaşamak korkunç bir şey. Çok fazla kontrol ve cesaret ister. Tüm bu engellerin üstesinden gelmek için psikolojik tarafı güçlendirmemiz gerekiyor. Ancak başka bir seçenek daha var. İşleri değiştirebilir, transfer talebinde bulunabilir veya kendi işinizi oluşturabilirsiniz. Ortamları değiştirmek bazen içinde bulunduğunuz duruma çok yardımcı olur.

Suçlarla nasıl başa çıkılır? Sözlü saldırılara karşı nasıl tepki verilir? Çeneni kapalı tutmanın iyi olacağını sanmıyorum. Bu, aptal olduğuna dair yanlış bir izlenim veriyor. Tepki. Kimsenin seni incitmesine izin verme. Bir şeyleri ayırmalısın. Patronunuzun işinizden sonuç toplaması bir şeydir ve oldukça farklı olan başka bir şey de sizi kovalamaktır. Kimsenin özgürlüğünüzü boğmasına izin vermeyin. Kararlarınızda özerk olun.

Özerk bir iş geliri elde etmeye hazırlanmak

İşten ayrılabilmek ve bağımsız olabilmek için piyasayı analiz etmemiz gerekiyor. Potansiyelinizi en çok yapmaktan hoşlandığınız şeye yatırın. Sevdiğin şey üzerinde çalışmak harika. Mutluluğu maddi gelirle birleştirmelisiniz. Çalışın ve iyi bir mali rezerv yapın. Ardından planlama ile yatırım yapın. Tüm adımlarınızı ve adımlarınızı hesaplayın. Uzmanlara danışın ve araştırma yapın. Ne istediğinizden emin olun. Bir yolla, her şey sizin için daha kolay olacak.

İlk seçeneğiniz işe yaramazsa, yolunuzu yeniden değerlendirin ve hedeflerinizde ısrar edin. Potansiyelinize ve yeteneğinize inanın. Cesaret, kararlılık, cesaret, inanç ve sebat başarının temel unsurlarıdır. Önce Tanrı'yı koyun ve diğer her şey eklenecektir. Kendinize inanın ve mutlu olun.

Çalışmalarda uzmanlaşma seçeneklerini analiz etmek

Çalışma, işgücü piyasası ve genel olarak yaşam için gereklidir. Bilgi bizi bir araya getirir ve dönüştürür. Kitap okumak, kurs almak, meslek sahibi olmak ve olaylara geniş bir bakış açısı getirmek büyümemize yardımcı olur. Bilgi, cehalet saldırılarına karşı bizim gücümüzdür. Bizi daha net ve daha kesin bir yola götürür. Bu nedenle, mesleğinizde uzmanlaşın ve yetkin bir profesyonel olun. Özgün olun ve tüketici trendleri yaratın. Kendinizi karamsarlıktan kurtarın, daha fazla risk alın ve ısrar edin. Her zaman hayallerinize inanın çünkü onlar karanlık vadideki pusulanızdır. Onun içinde bizi güçlendiren her şeyi yapabiliriz.

Uzmanlık alanınızı araştırın. Öğrenme mekanizmaları oluşturun. Kendini yeniden keşfetmek. Her zaman hayalini kurduğunuza dönüşmek mümkün olabilir. Tek gereken tek bir eylem planı, planlama ve irade. Başarınızı yaratın ve mutlu olacaksınız. Senin için çok başarılı.

Ailede nasıl yaşanır

Aile nedir

Aile, akraba olsun ya da olmasın sizinle birlikte yaşayan insanlardır. Bu, parçası olduğun ilk aile çekirdeği. Bu grup genel olarak baba, anne ve çocuklardan oluşur.

Bir aileye sahip olmak, insani gelişme için çok önemlidir. Bu küçük aile çekirdeğinde öğreniyor ve öğretiyoruz. Aile bizim temelimizdir. O olmadan biz bir hiçiz. İşte bu yüzden bir şeye ait olma duygusu, insan ile ruhu doldurur.

Bununla birlikte, kıskanç veya kötü insanlarla yaşadığımızda, kişisel gelişimimizi engelleyebilir mi? Bu durumda, şu söz geçerlidir: "Kötü eşlik etmekten daha iyidir". İnsanın da büyümesi, alanlarını fethetmesi ve ailesini kurması gerekiyor. Bu, yaşamın doğal yasasının bir parçasıdır.

Nasıl saygı duyulur ve saygı gösterilir?

Bir ailede yaşamanın en büyük kuralı saygı olmalıdır. Birlikte yaşayabilmelerine rağmen, diğerine kendi hayatlarına müdahale etme hakkı vermez. Bu konumu tekrar onaylayın. İşinize, odanıza, insanlarınızın eşyalarına ayrı ayrı sahip olun. Her ailenin kişiliğine, eylemlerine ve arzularına saygı duyulmalıdır.

Birlikte yaşamak mı yoksa evden ayrılmak ve daha fazla mahremiyetiniz mi var? Pek çok genç kendine bu soruyu sık sık soruyor. Kişisel deneyimlerime göre, sadece evin dışında herhangi bir desteğiniz varsa evden ayrılmaya değer. İnanın bana, yalnızlık düşmanlarınızın en kötüsü olabilir ve size çok kötü davranabilir.

İşe daha yakın olacağım bahanesiyle dört ay dışarıda yaşadım. Ama aslında aşkı bulmaya çalışıyordum. Büyük şehirde yaşamanın aramamı kolaylaştıracağını düşündüm. Ama öyle olmadı. Modern dünyada insanlar karmaşık hale geldi. Bugün hâkim olan materyalizm, bencillik ve kötülüktür.

Bir apartman dairesinde yaşıyordum. Mahremiyetim vardı ama kendimi tamamen mutsuz hissettim. Dahası, hiç genç bir parti ya da içki içmedim. Yalnız yaşamak bana pek çekici gelmiyor. Sonunda sorumluluklarımın azalmak yerine arttığını fark ettim. Ben de eve gitmeye karar verdim. Kolay bir karar değildi. Birini bulma umutlarımın sona erdiğini biliyordum. Ben LGBT grubundanım. Ailem tamamen geleneksel olduğu için evde bir erkek arkadaş bulmam düşünülemez. Beni asla olduğum gibi kabul etmezler.

Eve işe odaklanmayı düşünerek geldim. Otuz altı yaşındayken bir eş bulamadım. Beş yüz ret biriktirdi ve bu her geçen gün arttı. Sonra kendime sordum: Neden bu diğerinde mutluluk bulmalı? Neden hayallerimi kendi başıma gerçekleştiremiyorum? Tek yapmam gereken iyi bir mali desteğe sahip olmak ve hayattan daha iyi zevk alabilmekti. Birinin yanında mutlu olma düşüncesi bugünlerde neredeyse modası geçmiş durumda. Nadiren olur. Ben de projelerimle hayatıma devam ettim. Ben bir yazar ve film yapımcısıyım.

Finansal bağımlılık

Finansal sorunla nasıl başa çıkılacağını bilmek bu günlerde çok önemlidir. Aile olarak yaşamasına rağmen, herkesin geçim kaynağı olmalıdır. Çoğu zaman aileme yardım etmek zorunda kaldım çünkü sürekli bir işi olan tek kişi benim. Ama beni beklediklerinde durum çok zorlaştı. Bu yüzden evi de terk ettim. Gerçekliğe uyanmaları gerekiyordu. Artanlarınız olduğunda yardım etmek iyidir. Ama çalışmam ve diğer insanların paramdan benden daha çok zevk alması adil değil.

Bu örnek, farkındalığın ne kadar önemli olduğunu gösteriyor. Bir şeyleri ayırmalıyız. Her biri çalışmayı aramalı. Herkes hayatta kalabilir. Tarihimizin kahramanları olmalı ve başkalarına bağımlı olmamalıyız. Günümüz dünyasında hastalıklı durumlar var. Bu aşk değil. Bu sadece finansal çıkar. Sevgiyle kandırılmak sadece acı getirir.

Bazı durumlarla başa çıkmanın kolay olmadığını anlıyorum. Ama mantıklı olmalıyız. Oğul evlendi. Hayatını devralmasına izin ver. Torunlara bakılacak mı? Bir şey değil. Bu ebeveynlerin sorumluluğu. Zaten yaşlı olan sizler seyahat ederek ve keyifli aktiviteler yaparak hayatın tadını çıkarmalısınız. Rolünüzü yerine getirdiniz. Dahası, başkalarının sorumluluğunu üstlenmek istemezsiniz. Bu size çok zarar verebilir. İçsel bir yansıma yapın ve sizin için en iyi olanı görün.

Örneğin önemi

Çocuklardan bahsederken ülkenin geleceğinden bahsediyoruz. Bu nedenle, iyi bir aile tabanına sahip olmaları son derece önemlidir. Genellikle yaşadıkları çevrenin yansımasıdırlar. Yapılandırılmış ve mutlu bir ailemiz varsa, eğilim gençlerin bu örneği takip etmesidir. Bu nedenle şu söz doğrudur: "İyi oğul olan, iyi babadır." Ancak bu genel bir kural değildir.

Sık sık genç asilerimiz oluyor. Harika ebeveynleri olmasına rağmen, kötülüğe eğilimlidirler. Bu durumda kendinizi suçlu hissetmeyin. Sen rolünü yaptın. Her insanın özgür iradesi vardır. Çocuk kötülüğü seçtiyse, sonuçları o olacaktır. Bu bir toplumda doğaldır. İyi ve kötü var. Bu kişisel bir karardır.

İyiyi seçtim ve bugün memnun, dürüst ve sağlıklı bir insanım. Ben hayallerime karşı bir ısrar ve umut örneğiyim. Ayrıca dürüstlük ve çalışma değerlerine inanıyorum. Bunu çocuklarınıza öğretin. İyiyi yatıştırın ve iyiyi biçin. Çabalarımızın meyvesiyiz, az çok değil. Herkes hak ettiği şeye sahiptir.

Son